PÉTERSBOURG,

MOSCOU

ET LES PROVINCES,

ou

OBSERVATIONS

SUR LES MŒURS ET LES USAGES RUSSES

AU COMMENCEMENT DU XIXe SIÈCLE.

T. III.

PILLET AÎNÉ, IMPRIMEUR DU ROI,
Rue des Grands-Augustins, n° 7.

PÉTERSBOURG,

MOSCOU

ET LES PROVINCES,

OU

OBSERVATIONS

SUR LES MŒURS ET LES USAGES RUSSES
AU COMMENCEMENT DU XIXe SIÈCLE;

SUITE

DE L'HERMITE EN RUSSIE.

PAR E. DUPRÉ DE SAINT-MAURE,

Chevalier de la Légion-d'Honneur, ex-Membre du Corps-Législatif, ancien
Sous-Préfet, auteur d'*Hier et Aujourd'hui*, de l'*Anthologie russe*, etc.

Avec Gravures et Vignettes.

TOME TROISIÈME.

À PARIS,

CHEZ PILLET AÎNÉ, IMPRIMEUR-LIBRAIRE

RUE DES GRANDS-AUGUSTINS, N° 7.

1830.

PÉTERSBOURG,
MOSCOU
ET LES PROVINCES.

STATISTIQUE DE MOSCOU.

Origine de toutes les villes. — Pavé scientifique. — Le Kremlin ; son antiquité, ses trésors ; salle des armes. — Représentation à l'Hermitage. — Le duc de Vicence, anecdote. — Les cinq cathédrales. — Beaux traits de patriotisme. — Les hôpitaux ; munificence religieuse des Russes. — Club anglais. — Club des marchands. — Grandes promenades des Moscovites. — Le tombeau de Matvéef.

S'il était possible, en remontant à l'origine de toutes les grandes cités qui jouèrent un rôle important sur la scène du monde, de savoir pourquoi elles furent bâties là plutôt que deux lieues plus loin ou deux lieues en deçà, on res-

III.   I

terait convaincu que le choix de l'emplacement
appartient à un amateur de la belle nature, à
un voyageur, qui, frappé de la beauté d'un
site et de la fertilité présumée du sol, s'est dit
en passant : « Comme on serait bien ici ! Quels
beaux aspects ! L'air y est pur, il y a de l'eau,
de grands arbres, des accidens de terrain; tout
s'y trouve. » Et comme l'homme, dans ses vagues désirs, chérit les déplacemens, ce passant ou ce voyageur, enivré de sa découverte,
revient à l'endroit qu'il signala avec ses compagnons ou ses serviteurs, et y construit une
habitation, ferme ou chaumière, suivant ses
moyens. Progressivement, la cabane devient
une maison, puis un château, puis un village,
puis une petite ville, puis une grande, et puis
enfin une superbe capitale qui est la demeure
des rois. Cette nouvelle cité attire bientôt tous
les regards; riches et pauvres, savans et igno-
rans, artistes et ouvriers, grands et petits, con-
tens et mécontens, s'y rendent en foule. Des souverains étrangers viennent visiter ses monumens,
ses théâtres, ses académies, pour se désennuyer de leur trône et de leurs académiciens.
Souvent aussi, après les visites polies, ces

mêmes souverains viennent brutalement avec
des armées. La capitale, trop honorée de leur
présence, les paie grassement pour qu'ils s'en
aillent. De tems à autre ces visites se renouvel-
lent et se terminent encore par un accommo-
dement. Quelques siècles coulent aux pieds des
remparts; puis arrive le jour où un conquérant
de mauvaise humeur, préférant la destruction à
l'argent et aux statues, saccage sa conquête,
ordonne l'incendie, et cette capitale orgueil-
leuse voit le terme de sa gloire et de ses gran-
deurs. Désormais c'est un champ de ruines livré aux explorations des savans, qui viennent
déchiffrer quelques inscriptions, et remuer quelques débris entassés sous les ronces et les hautes
herbes. Mais le tems marche, et les ruines
aussi disparaissent. De là, grande mésintelli-
gence entre tous les savans; ils ne s'entendent
plus sur le lieu où fut bâtie la cité superbe. Pendant leurs débats, un pauvre pêcheur élève une
humble cabane sur les rivages déserts, sans se
douter que là où il agite ses rames pour soutenir son existence s'élevaient des quais de granit, de magiques palais, et des temples res-
plendissans d'or et de pierreries. Telle est la

destinée de ces villes célèbres qui rendent les hommes si vains , et dans lesquelles ils s'entassent pour se tourmenter à qui mieux mieux, et pour remplir d'amertume leur fugitif passage sur la terre.

Telles sont les réflexions auxquelles se livre le voyageur en contemplant une immense capitale , et plus particulièrement celle qui, victime d'une catastrophe encore récente , courut le risque d'être rayée parmi les grandes cités.

Presque tous les historiens sont unanimes sur l'origine de Moscou : ils la font remonter à la moitié du douzième siècle. Avant cette époque, un nommé Koutchko s'était pris de passion pour les collines sur lesquelles est assise la ville de Moscou. La fertilité du sol réalisa ses espérances , et il établit bientôt de beaux domaines dans cette riante campagne baignée par trois rivières. Le grand duc Youri II, surnommé *Dolgorouki*, fils de Vladimir Momonaque, allant visiter, l'an 1147, son fils aîné André , qu'il avait doté des principautés de Sourdal et de Vladimir, fut frappé de l'aspect enchanteur de ces beaux villages, de ces bois, et des rivières qui les arrosent. Il demanda à voir le propriétaire ;

celui-ci le reçut très-grossièrement, et le prince
irrité le déposséda de ses biens, et les donna à
Oulita, fille de Koutchko, qu'il maria à l'un
de ses fils. Alors il fit entourer d'une palissade
le lieu où l'on voit aujourd'hui le Kremlin. Il
appela ce nouveau bourg *Moskwa*, du nom de
la rivière principale. L'historien Tatischef dit
que le mot *Moskwa* est sarmate, et signifie *ser-
pentante* ou *sinueuse*. Un peu plus loin, là où se
trouve le couvent de Znamenskoï, Youri posa
les fondations d'une autre bourgade, qu'il appela *Kitaï*, surnom que portait son fils dans son
enfance. Bientôt ces deux petites villes n'en firent qu'une ; puis on construisit à l'entour. De
bâtisse en bâtisse, cette ville devint la résidence des grands ducs, et enfin la plus grande
cité de l'Europe. Je n'avais donc pas tort de
dire, en commençant ce chapitre, que souvent
la naissance d'une capitale tient au hasard d'une
promenade, d'une halte faite dans un lieu ca-
ressé par la nature, et qui captive l'admiration
d'un voyageur enthousiaste de ses beautés.

C'est sans fondement qu'Oléarius et autres
voyageurs veulent faire croire que Moscou fut
jadis plus étendue. Les enceintes dont on l'en-

toura, proportionnellement à l'augmentation des habitans, prouvent qu'au lieu de se rétrécir, elle s'est toujours agrandie. En consultant un tableau de Moscou, qu'on trouve dans le *Voyage de Corneille Le Brun*, on voit qu'au commencement du dix-huitième siècle, les monastères d'Andronieff et Donskoï, qui sont aujourd'hui dans l'enclave, se trouvaient alors à une assez grande distance de la ville.

Quoique peu large et peu profonde, la Moskwa est d'un grand intérêt pour la ville, puisqu'elle la met en communication avec Saint-Pétersbourg et Nijnï, résidence d'une foire, peut-être la plus considérable de l'univers, et dont j'ai déjà parlé.

Le diamètre de cette ville, du sud-est au nord-est, depuis la nouvelle cathédrale de Saint-Sauveur sur la montagne des Moineaux, jusqu'à la barrière de Préobrajensky, comprend trois lieues et demie, et sa circonférence est d'environ dix lieues.

Son pavé est tout aussi désagréable que celui de Saint-Pétersbourg ; mais il est plus scientifique. C'est le lit de la rivière qui fournit une grande partie des cailloux qu'on y emploie.

Ainsi, quand le naturaliste, armé de sa lu-
nette, distingue dans ce pavé des pyromaques,
des jaspes de plusieurs couleurs, de la pierre
lydienne, des madrépores, des millipores, des
ammonites, et même, quoique en petite quantité, des gangues de lapis lazuli, le savant observateur est heurté brusquement par des pié-
tons qui, ne se doutant pas de la richesse du
pavé, maudissent les aspérités désagréables qui
le font trébucher, et retardent sa marche.

La rapidité des constructions est la même que
celle de Pétersbourg. Il n'est pas rare de voir poser
en automne la toiture d'une immense maison dont
on vit asseoir les fondemens dans les premiers
jours de mai. Cette vitesse est imposée par le
climat. Presque toutes les bâtisses sont en bri-
que. Avant l'incendie, le nombre des maisons
s'élevait à 9,158, dont 5,341 furent brûlées.
Depuis cette funeste époque, on en a recons-
truit 8,027. Ainsi elles se sont augmentées. Les
églises paroissiales s'élèvent à 268, dont plusieurs ont trois à cinq clochers. Si on ajoute à
ce nombre ceux de 21 couvens, de 56 hospices, et de plusieurs établissemens de la couronne, on peut juger combien, par un beau le-

ver ou coucher du soleil, l'aspect de Moscou
doit s'embellir de cette multitude de flèches, de
coupoles et de croix, dont l'or et l'argent scin-
tillent dans les airs.

En ma qualité d'amateur passionné des jardins, je dois dire à mes lecteurs que Moscou en
renferme 1,054; plus, 189 orangeries, et 305
étangs ou pièces d'eau.

On compte 8,396 boutiques, 476 hôtelle-
ries, 26 auberges, 314 restaurans, 131 kabacs
(cabarets), 115 boulangeries, 189 jardins po-
tagers, 52 bains publics, 5,162 réverbères,
4,088 puits particuliers, 275 puits publics, enfin 159 grandes rues, et 608 rues transver-
sales.

On peut porter maintenant le nombre des
maisons à 10,000; car, indépendamment d'une
foule de constructions commencées dans diverses parties de la ville, on élève tout un quartier
nouveau sous les murs du Kremlin.

La ville se divise en vingt arrondissemens qui
se subdivisent en quartiers; il en est un qu'on
appelle arrondissement de *Lefort*, nom du ministre ami de Pierre Ier, *Lefort Ovskaïa*; la ter-
minaison en aïa est adjective. La population de

Moscou s'élève à 246,545 individus, d'après le tableau de M. de Laveau ; je la croyais plus forte.

Le Kremlin présente un polygone irrégulier flanqué d'une tour dans chacun de ses angles ; les murs sont crénelés et d'une prodigieuse élévation ; autrefois ils étaient entourés de fossés. Ce beau quartier de Moscou forme, avec le Kataïgorod, un centre autour duquel les autres parties de la ville et les faubourgs s'étendent en zone. Cinq grandes portes forment les communications du Kremlin avec la ville. Quand j'approchai avec mon *cicerone* de celle qu'on nomme *Spaskoï*, je le vis ôter son chapeau, c'était me dire d'ôter le mien ; car, docile aux leçons du philosophe Aristippe, je suis toujours très-empressé d'obéir aux usages d'un pays. Je lui demandai l'explication de cet acte de respect ; il me répondit que les uns l'attribuent à la commémoration de la délivrance miraculeuse du Kremlin lors d'une invasion des Tatares, et que d'autres en font remonter l'origine à la dernière peste qui ravagea Moscou. Comme il me laissait le choix des deux versions, je répondis que ce n'était pas trop de deux motifs

pour découvrir sa tête pendant quelques se-
condes avec un froid de douze degrés.

« On retrouve dans le Kremlin, dit M. Ka-
ramzin, de grands souvenirs historiques : au
milieu des ruines de l'ordre social, on y vit
germer la pensée d'une salutaire monarchie,
ainsi que la vie naît au sein de la mort. C'est au
Kremlin que Dmitri Donskoï déploya son drapeau noir en marchant contre Mamaï, et que
Ivan Vassiliévitch foula aux pieds l'image du kan
à laquelle les grands princes de Russie devaient
rendre hommage. La souveraineté y commença,
non pour le bonheur particulier des princes,
mais pour le salut de leurs peuples. C'est aussi
du Kremlin que les ombres sacrées des vertueux
ancêtres d'Ivan-le-Terrible le chassèrent quand
il devint infidèle à la vertu, c'est par la porte vé-
nérée de Spaskoï qu'entra Vassilischouiski, tenant d'une main la croix et de l'autre un glaive
pour abattre le faux Dmitri. On montre la place
où tomba l'imposteur en sautant par des fenê-
tres qui se trouvent derrière le palais ; c'est sur
le parvis de l'église de l'Assomption que le jeune
tzar Michel, nouvellement couronné, versa
des pleurs amers tandis que les Russes bai-

saient ses pieds en répandant des larmes de joie. »

Rien n'étonne les regards et ne frappe l'imagination du voyageur comme les immenses trésors réunis dans cinq grandes salles du bâtiment appelé l'Arsenal. C'est moins l'amas d'or, d'argent, de sceptres enrichis de pierres précieuses et de diamans, de trônes, de croix, de vases, de patènes, de coupes et de vaisselles qui produit cet étonnement, que la prodigieuse conservation de tant de richesses dérobées aux mains de la conquête et aux invasions du feu. L'enlèvement si difficile de ces objets se fit avec un ordre et une prévoyance admirables. Après la tempête, tout fut remis à sa place; pas une perle, pas une turquoise ne se trouvèrent égarées. On ne peut s'empêcher de frémir à l'idée qu'une heure de 1812 aurait suffi pour disperser et mutiler ces vénérables débris des siècles et tous ces monumens historiques, religieusement conservés par la piété des Russes. Je me figurais un régiment de houzards entrant le sabre à la main dans ce sanctuaire des grands souvenirs, et devenant possesseurs, hélas! pour un tems bien court, de ces brillans joyaux que la mort les eût bientôt forcés de restituer dans les forêts glacées où elle guettait ses innombrables victimes.

Je ne puis donner à mes lecteurs une idée plus exacte de la quantité de richesses renfermées au trésor du Kremlin, qu'en disant que l'intéressante statistique de M. de Laveau, publiée en 1824, sous le nom de *Guide du Voyageur à Moscou*, consacre vingt-six pages à leur énumération; dans ces pages, quelquefois, une seule ligne présente la valeur d'un million.

Dans la première salle, on voit les trônes, les couronnes et les sceptres : le plus ancien des trônes n'est point au trésor, mais dans la cathédrale d'Ouspentkoï; il est en bois de noyer et surmonté d'un dais que soutiennent quatre piliers artistement travaillés.

Ici brillent d'un éclat que le tems ne saurait ternir les deux couronnes du grand prince Vladimir Momonaque, puis celles des royaumes de Kasan, d'Astrakan, de Sibérie, de Géorgie et de Pologne : plus les couronnes du tzar Ivan Vassilievitch, de Pierre-le-Grand et de Catherine Ire; cette dernière est ornée de deux mille cinq cent trente-six diamans, sans compter les pierres précieuses, tels que rubis, etc.

Là on voit le globe impérial de Vladimir Momonaque, du tzar Ivan Alexiévitch et de Pierre Ier; plus loin sont les sceptres de plusieurs souverains ; celui de Vladimir est orné de deux cent soixante-huit diamans; de trois cent soixante rubis et de quinze émeraudes. On y voit représentées, en émail, toutes les principales époques de la vie de Notre-Seigneur.

Les trônes sont rangés près des murs et exhaussés sur des estrades ; j'en ai compté six : celui qui m'a paru le plus riche est celui du tzar Alexis Mikaïlovitch. Les panneaux et le dossier sont ouvragés en or, ornés d'arabesques et garnis de huit cent soixante-seize diamans, de mille deux cent vingt-quatre pierres précieuses et d'une multitude de perles. Le sixième est un trône à deux places, fabriqué à Hambourg, en argent massif et en appliqué.

La cour des anciens princes était fort brillante; elle avait emprunté des Grecs le luxe qui environnait le trône de Byzance. Les tzars avaient un *Kraïtch*, ou grand échanson, et des *Rindis*, ou écuyers, qui, vêtus de manteaux de satin blanc et armés de haches en argent, marchaient devant le grand prince. On voyait briller à sa table un amas immense de vases d'or, de coupes et de gobelets. L'ambassadeur Chancellor, que le roi d'Angleterre, Edouard VI, envoya à Ivan IV, fut frappé des richesses qu'il vit à la cour du tzar ; il y fut invité à un festin où se trouvaient plus de cent convives, qui tous étaient servis en vaisselle d'or.

L'étonnante quantité des bijoux et autres richesses du trésor est exposé aux regards des curieux dans l'ordre chronologique des règnes ; au-dessous des noms de chaque grand prince, on voit les objets rares et curieux qui lui appartinrent. Ainsi le voyageur passe en revue les chaînes d'or, les bocaux en vermeil, les bracelets, les gobelets, les aiguières, les puisoirs en or, les croix, les coupes, les vases, les tasses, les patènes, les cruches en argent, les cuvettes, les boîtes, les cannes, les miroirs, les plateaux, les montres, les timbales, les plats et les assiettes en or, les aigrettes en diamans et les médaillons que possédèrent les tzars et tzarines depuis sept à huit siècles.

Toutes les armures et armes anciennes et nouvelles sont réunies dans la salle située en face du trésor. A l'aspect de cette incroyable variété de

moyens inventés pour tuer les hommes , on se dit
que le génie de la destruction est, pour le moins,
aussi fécond que celui de la parure ; je me dis
encore que , si j'essayais de faire une évaluation
approximative des victimes de ces armes meur-
trières , quelque élevé que fût ce nombre , en-
fanté par mon imagination , il resterait sans doute
bien au dessous de la réalité.

De toutes les nations européennes , la Russie
a été la plus en mesure pour former une vaste collection des armes de l'Orient. Les guerres avec
les Turcs , les Persans , les Géorgiens , les Circassiens , les Tatares , les Kalmouks , les Kir-
guis , les Mongoliens , et enfin avec plus de cent
peuples ou peuplades qui forment une chaîne
immense depuis le royaume de Kasan jusqu'à
l'Océan baignant les deux hémisphères , expli-
quent la variété infinie des objets dont se compose ce musée martial.

Voilà le glaive impérial , symbole de la puissance du tzar au milieu des combats , et porté
devant lui par un de ses grands officiers ; la lame
est damasquinée en or et la garde est formée de
têtes d'aigles surmontées d'une couronne.

Ici flotte le drapeau impérial ; on ne s'en

sert qu'au couronnement et aux funérailles des
princes.

Là sont les cottes de mailles, les brassards,
les épées, les sabres, les carquois, les masses
d'armes et les boucliers de plusieurs grands
princes (1).

Plus loin, on a suspendu le bouclier impérial déjà célèbre au douzième siècle. Cette égide
figure avec honneur au couronnement des souverains et aux autres grandes cérémonies.

Je regarde avec respect l'armure de l'illustre
Dmitri Donskoï; on la lui faisait porter très-
jeune encore, pour le familiariser de bonne
heure avec la fatigue des combats. Le poète
Ozéroff a immortalisé la gloire de ce grand souverain, vainqueur de la horde d'or, dans sa
belle tragédie intitulée *Dmitri Donskoï*. Quelle
que fût l'indifférence de l'empereur Alexandre
pour ses poètes et poésies nationales, il dut s'a-
percevoir, en assistant à une représentation de
Dmitri Donskoï, du puissant effet que la muse

(1) Je ne dois pas oublier de mentionner ici le monstrueux canon du Kremlin, à l'orifice duquel un homme
de haute taille peut se tenir debout. Son poids est de
79,200 livres.

tragique exerce quelquefois sur les spectateurs
à l'aide de glorieux et grands souvenirs. Peut-
être ignorerais-je moi-même, malgré cinq années de séjour en Russie, les hauts faits d'armes
du grand Dmitri, sans les beaux vers d'Ozéroff.
La célèbre bataille de Koulikoff fut livrée contre les Tatars que commandait le féroce Mamaï,
le 7 septembre de l'année 1380, sur les bords
du Don; la victoire fut décisive. L'armée dé-
cerna à Dmitri le surnom de Donskoï, par allu-
sion au fleuve sur les bords duquel il venait de
remporter une si éclatante victoire (1). Puisque
j'ai parlé de la tragédie d'Ozéroff, je veux citer
une anecdote que je tiens de plusieurs témoins
oculaires, et qui fait beaucoup d'honneur au
patriotisme des Russes. Généralement, ceux-ci
ne partageaient point la longanimité de leur souverain, trompé par les promesses fallacieuses
de Bonaparte, et complice du système continen-
tal qu'il faisait observer beaucoup trop rigoureusement. A cette époque, la Russie ne s'a-

(1) Il y a, dans l'*Anthologie russe*, la traduction en
vers d'une des plus belles scènes de la tragédie d'*Ozéroff*; c'est celle de l'audience accordée, quelques jours
avant la bataille, à l'ambassadeur de Mamaï.

busait plus sur le but des armemens de Bonaparte, et cependant l'ambassadeur français tenait bon à Pétersbourg. L'irritation des esprits
allait toujours croissant, elle ne tarda point à se
manifester.

Les comédiens russes jouaient, à l'Hermitage,
la tragédie de *Dmitri Donskoï*. L'empereur, les
impératrices et une cour nombreuse assistaient à
cette représentation; M. de *** était dans sa
loge avec les secrétaires d'ambassade; on sait
que l'étiquette des cours défend tout signe d'im-
probation ou d'approbation devant les souverains
lorsqu'on joue sur leurs théâtres particuliers.
Cependant, quand l'acteur, représentant le personnage du grand prince, prononça ces vers :

> . . . . Méprisons sa fureur,
> C'est le digne envoyé d'un fol usurpateur,

les applaudissemens, partis des derniers bancs
de l'amphithéâtre, se communiquèrent par un
mouvement électrique à toute la salle, et se
renouvelèrent plusieurs fois avec fracas; les
mains de la famille impériale restèrent seules
immobiles. L'ambassadeur, ne sachant pas un
mot de la langue russe, s'étonna beaucoup de

cette violation des bienséances de cour, et en
demanda la cause à un de ses voisins. Celui-ci
répondit : « Cet élan est excité par le souvenir
d'un des plus beaux faits d'armes de la Russie. »
D'autres personnes, dans la soirée, lui firent
la même réponse : le secret de cette patriotique
inconvenance fut parfaitement gardé. Ainsi, il
est probable que l'ambassadeur quitta cette capitale sans savoir que sa présence au théâtre
avait amené fort naturellement les spectateurs
à l'expression franche de l'indignation qu'ils res-
sentaient pour son maître.

Je reviens à la salle des armures ; tout en la
parcourant, je regrettais de n'avoir pas pour
second le voyageur dont j'ai déjà parlé, et qu'on
appelait le chevalier *des Pilastres.* A Moskou,
on l'aurait surnommé le chevalier *des armures ;*
avec quelle exactitude il exploiterait cette galerie militaire, et comme il sourirait de pitié en
me voyant passer légèrement devant cette multitude d'augustes pistolets, sabres, carquois et
masses d'armes étincelantes d'or ou de diamans!
Pour moi, je l'avoue, mon attention s'attache
bien plus à l'éclat moral des souverains possesseurs de ces armes, qu'à celui de leurs épées et

de leurs damas. Voilà pourquoi je m'arrête avec
complaisance devant le brancard sur lequel se
faisait porter Charles XII à la bataille de
Pultawa. En regardant ce monument simple
comme le héros qui s'y plaçait, j'aimerais à
me rappeler qu'en France, on peut voir aussi
la litière d'où le maréchal de Saxe commandait
à la bataille de Fontenoi; mais dans le midi de
l'Europe, nous avons beaucoup moins que dans
le nord la religion des souvenirs. Nous dédai-
gnons toutes ces choses inanimées qui souvent,
mieux qu'une page de l'histoire, peuvent faire
jaillir une pensée héroïque ou une idée morale;
serions-nous donc assez parfaits pour n'avoir aucun besoin de cette législation des sens? Elle a
plus d'empire qu'on ne le croit sur les hommes,
et malheur aux peuples qui ont le tort de la mé-
priser.

Le sultan Mustapha n'ignorait point que sa
noble ennemie Catherine montait plus souvent
à cheval que lui et que bien d'autres souverains;
ces deux selles, ornées de brillans et de pierreries, sont un hommage de Mustapha; elles
furent envoyées après deux conclusions de paix :
l'une d'elles est estimée plus de 200,000 roubles.

Jamais je n'ai pu concevoir la patience de ces gens qui promènent leur curiosité dans des édifices publics depuis le matin jusqu'au soir. Le soin d'admirer, de questionner et de faire jouer le crayon pendant toute une journée, excède mes forces. Après un examen de trois heures, je demande grâce, je regagne mon traîneau, et me blotissant dans ma peau d'ours, je vais prendre, au coin du feu, le courage de recommencer mes excursions. En sortant de la salle des armes, j'étais comme un homme ivre; rassasié de lances, de fourreaux, de diamans, de couronnes, de pierres précieuses, je serais passé indifféremment auprès *du régent même*, si je l'avais trouvé sur mon chemin.

Je dirai du Kremlin ce qu'on dit de Venise: « Il faut le voir pour s'en faire une juste idée. » Sa vaste enceinte offre aussi une collection de palais; je dis collection, à cause de leur nombre et du peu de distance qui les sépare : palais des Tzars, palais Impérial, palais Anguleux, palais des Menus-Plaisirs, palais du Sénat, palais du Patriarche, et je pourrais ajouter palais des Armures et du Trésor de la couronne, puisque le nouvel arsenal renferme toutes les richesses dont j'énumère à peine la centième partie. Ces édifices sont immenses ; on jugera de la grandeur de celui qui est consacré au sénat par le nombre des administrations qui s'y trouvent ; savoir : les salles où siégent les sixième , septième et huitième départemens de ce corps, les archives du gouvernement , le département des biens patrimoniaux, la chancellerie de l'arpentage avec un bureau de la levée des plans , l'école de Constantia ; l'expédition du Kremlin avec un bureau de levée des plans , et une école d'architecture, les caisses du gouvernement , les archives de la chambre de collége, le département du dénombrement , le dépôt des vivres , etc, , etc. Cette nomenclature donne un aperçu de l'immensité de ce Kremlin , dont l'année 1812 fit grandir l'antique illustration.

Si l'on ajoute à tous ces palais cinq cathédrales , quatre églises , deux grands monastères , trois places , le bâtiment des écuries , la maison d'ordonnance où logent le commandant, le major et plusieurs adjudans de place ; enfin, cinq postes militaires , on dira avec moi que le Kremlin entouré de hautes murailles est une ville considérable, placée au centre d'une immense cité.

Son étendue fait sourire le voyageur lorsqu'il se rappelle l'ordre donné par Bonaparte de faire sauter le Kremlin après son départ de Moscou, où il s'était flatté de passer doucement l'hiver et d'y dicter des lois à son ancien allié (1). Cet ordre, fruit de la mauvaise humeur et qui ajoutait gratuitement aux malheurs d'une ville incendiée, fut mal compris et encore plus mal exécuté. Le maréchal commandant l'arrière-garde, moins humoriste que son maître, se borna à faire organiser ce que j'appellerai un simulacre d'explosion relativement à la grandeur du projet, et à l'insuffisance des moyens et du tems pour l'exécution. L'arsenal fut le seul édifice qui se ressentit assez fortement du dépit de Napoléon.

Le palais du patriarche possède aussi son tré-

(1) Eh bien ! me disait-on à mon retour de Russie, avec une légèreté toute parisienne : « Plus de Kremlin, n'est-ce pas ? Bonaparte l'a fait sauter, vous n'avez trouvé que des vestiges. — Des vestiges, répondais-je, dites-donc que ce sont les vestiges de l'explosion qu'il m'a été impossible de trouver. »

sor, mais celui-là est tout religieux; on y voit
des ornemens sacerdotaux remarquables par
leur richesse et leur ancienneté. Je me borne-
rai à citer le sacos ou grande tunique du célé-
bre patriarche Nicon; elle est tellement chargée
de pierres précieuses et de perles, qu'elle pèse
cinquante-six livres russes au poids de quatorze
onces la livre. Un autre ornement du même patriarche pesait plus d'un quintal; ainsi dans les
siècles reculés, les forces des ministres de la
religion étaient en harmonie avec celle des chevaliers. Le prêtre le plus fervent de nos jours
ne consentirait par plus à se couvrir des ornemens du patriarche Nicon, qu'un de nos guerriers
les plus valeureux à se revêtir d'une de ces
pesantes armures qui sont suspendues dans nos
musées militaires.

La bibliothèque du palais patriarcal est
fort riche en manuscrits grecs et slavons. La
plupart de ces ouvrages sont dus au succès d'une
mission confiée à un moine russe qui fit un long
séjour au monastère du mont Athos. Parmi les
ouvrages littéraires ou distingue un Homère, un
Eschyne et un Sophocle. Quelle que soit la
partie de l'Europe qu'on visite, on trouve à

chaque pas les vestiges des bienfaits rendus à la civilisation par des moines et des prêtres séculiers occupés sans cesse d'arracher l'Europe aux ténèbres et à la barbarie (1). Je m'étonne que ces exemples nombreux ne tempèrent pas un peu la haine de certaines gens contre le clergé; leur aversion n'a rien de raisonné ni de civilisé.

Voici un chef-d'œuvre de la patience humaine, c'est un évangile grand in-folio, écrit en entier par la tzarine Tatiana Mîkhaïlówna. Une grande piété put seule soutenir cette souveraine dans cet immense travail.

On remarque dans la somptueuse collection des anciens ornemens eclésiastiques, une crosse

(1) On peut dire que cette soif de science et ce désir de la propager est inhérente au clergé. Voyez de nos jours Constantius, archevêque du Mont-Sinaï, et Hilarion, ancien évêque de Bulgarie, se consacrant à faire renaître chez les Grecs l'amour des lettres, traduisant de bons et utiles ouvrages, les tragédies de Sophocle, etc., etc; enfin, dans leur pauvreté, ne sollicitant des secours que dans l'intérêt des lumières qu'ils veulent répandre parmi leurs malheureux concitoyens. C'est ce que nous apprend M. Mac-Farlane, protestant dans son spirituel *Voyage à Constantinople et en Turquie*, publié dernièrement.

III. 2

épiscopale adressée à un patriarche russe par...
qui le croirait? par le célèbre schah Abas. Le
jour où S. M. persane fit cet acte de bizarre
munificence, c'était bien le cas de s'écrier :
« Oh! Mahomet, ferme les yeux. » Cette crosse
est d'un magnifique travail oriental et enrichie
d'or et de pierres précieuses.

La cathédrale d'Ouspenskoï (de l'Assomption) renferme la célèbre image de la Vierge
de Vladimir, peinte par l'apôtre et évangéliste
saint Luc. On estime 80,000 roubles le solitaire
qui décore le cadre, et à 200,000 la totalité de
la châsse.

On voit dans cette cathédrale les tombeaux des
patriarches. M. de Laveau, dans sa *Statistique
de Moscou*, consacre 33 pages à la description
des cathédrales et à l'énumération des richesses
qu'elles contiennent. Cette nomenclature est
entremêlée de documens historiques et de traits
d'une courageuse piété, qui honorent la mémoire de beaucoup de souverains et de patriarches russes.

Philippe, métropolitain sous le règne du tzar
Ivan Vassiliévitch, lui dit avec une héroïque
fermeté : « On te respecte comme l'image de la

Divinité ; comme homme, tu participes à la poussière de la terre. »

Lorsque saint Michel de Tchernigoff fut sommé par le féroce Bâti, chef des Tatars, de s'agenouiller devant ses idoles, Michel, se dépouillant de son manteau, cria à ses assassins : « Otez-moi la gloire de la terre, je veux celle du ciel. » Et il tomba sous leurs coups, ainsi que son fidèle serviteur, le boyard Féodor, qui voulut partager le sort de son prince.

Philarète, évêque métropolitain, envoyé en qualité d'ambassadeur aux Polonais, alors oppresseurs de la Russie, s'écria devant le roi Vladislas : « Je mourrai, mais je ne trahirai pas. »

A la même époque, Hermogène, archevêque de Moscou, menacé de la mort s'il ne favorisait les projets des ennemis de la Russie, répondit : « Je crains Dieu, et personne de plus. Je bénis les guerriers qui s'assemblent pour sauver Moscou : que la colère du Seigneur frappe ceux qui trahissent la patrie ! »

Quand on rapproche ces traits d'un ancien patriotisme de l'honorable conduite de la nation russe, qui ne vit pas un traître sortir de ses

chaumières, de ses palais ou des rangs de l'armée pendant la dernière invasion du sol russe,
on se dit que l'amour de la patrie et la fidélité
sont un des cachets distinctifs de ce peuple.

Je crois avoir déjà dit que dans les anciennes
églises russes, le clocher est tellement séparé
de l'église, qu'il semble n'en pas faire partie.
Celui d'Ivan Velikoï est en effet isolé des cathédrales du Kremlin, c'est la plus haute tour de
la ville. On y compte trente-deux cloches, au
nombre desquelles figure le fameux béfroi de
Novgorod, dont le son lugubre appela si souvent au combat ces féroces républicains.

Lors de l'explosion de 1812, la cloche la
plus volumineuse l'*ouspenskoï*, pesant cent
soixante-dix mille livres, fut entièrement brisée.

Près de la tour d'Ivan Velikoï, on voit la
plus grosse cloche qui jamais ait été fondue ; ce
n'est point dans les airs qu'il faut la chercher,
mais dans la terre, où elle reste enfoncée depuis
très-long-tems, et où elle restera encore sans
doute pendant bien des années, par les difficultés
que présenterait le hissement. Ce colosse en-
foui fut la première curiosité que me désigna
mon *cicerone*. J'emprunte à M. de Laveau, la

description qu'il emprunte lui-même au voyageur Mayerberg, qui visita Moscou en 1661.

« Nous avons vu au Kremlin une cloche énorme, et ce qu'il y a de plus remarquable, c'est qu'elle a été fondue par un ouvrier russe. Cette cloche est plus grande que celle d'Erfurt, et même que celle de Pékin, car celle d'Erfurt n'a pas plus de neuf pieds six pouces géométriques, sur un orifice d'à peine huit pieds ; sa circonférence est de vingt-neuf pieds et son épaisseur de six pouces et demi, son poids de vingt-cinq mille quatre cents livres. On sait que celle de Pékin a treize pieds onze pouces de diamètre, quarante pieds de circonférence extérieure et un pied d'épaisseur ; son poids est de cent vingt mille livres. Mais notre cloche russe a dix-neuf pieds de hauteur, dix-huit pieds de diamètre, soixante-quatre pieds de circonférence, et deux pieds d'épaisseur. On dit qu'il est entré dans sa fonte quatre cent quarante mille livres..... Elle est encore couchée à terre, où elle attend un architecte qui la suspende. »

La plus ancienne église de Moscou est celle de Spass-Naborou (du Sauveur dans les bois). On respecte sa vieillesse et on n'y change rien.

La plus curieuse est celle qu'on appelle vulgai-
rement Vassili Blagennoï, située dans le Kitaïgorod.

« C'est dans ce quartier, dit M. Vsevolojsky
dans son dictionnaire géographique historique
de l'empire de Russie, qu'on voit cette fameuse
église, qui, bâtie en 1534, sous le règne du
tzar Iwan Vassiliévitch, fut construite de manière que dès lors elle en renferma neuf; mais il
en faut ajouter onze encore, de sorte que ce
temple extraordinaire forme vingt églises réunies, dans lesquelles on peut en même tems célé-
brer le service divin ; en quoi on ne peut assez
admirer comment dans un tel groupe d'églises
la lumière a pu être ménagée. Elle renferme en
outre plusieurs chapelles qu'on nomme en russe
predély. La principale de ces églises est dédiée
à la fête de Pokrov, une autre à l'entrée du
Christ à Jérusalem. L'entrée triomphante que
aisait jadis le patriarche au dimanche des Rameaux, et à laquelle le tzar tenait la bride de
sa mule, commençait ici. Le cortége passait par
la porte de Spaskoï ou du Sauveur pour entrer
dans le Kremlin et se rendre à l'église cathédrale. »

C'est sans contredit l'édifice le plus extraordinaire de Moscou. Le grand nombre de ses
coupoles balbeuses, diffèrent toutes entre elles
par quelques détails dans leurs contours ou dans
leurs ornemens; sa flèche, d'une forme bizarre,
et la bigarrure des couleurs dont elle est revêtue
extérieurement, excitent au milieu de toutes
les incohérences et de tous les contrastes dont
on est frappé, un sentiment profond d'intérêt et
d'admiration.

Je citerai l'église de Saint-Martin, confesseur,
à Taganka, comme ayant été bâtie aux frais
d'un marchand de Moscou, et comme rappelant
par sa coupole et sa façade, quoique très en
petit, l'église de Saint-Paul de Londres.

Je craindrais de fatiguer même les amateurs
des nomenclatures en me livrant à la description
des nombreux monastères de cette grande capitale; plusieurs de ces pieux établissemens ont
cinq et jusqu'à huit églises. Il en est qui sont
situés dans une magnifique exposition d'où l'on
peut jouir de l'ensemble imposant de Moscou et
des riantes campagnes qui forment sa ceinture.
Celui de Vosnessénié (de l'Ascension), au Kremlin, renferme les tombes de trente-cinq grands

princes ou tzarines : tous contiennent de grandes
richesses et des monumens pieux, tous sont remarquables par l'intérêt historique qui s'attache
à leur fondation.

Les hospices et hôpitaux de Moscou offrent
un caractère de magnificence et de grandeur
autant que de bien-être et de salubrité pour les
malades ; ces établissemens rivalisent avec les
plus renommés de l'Europe.

L'hôpital Galitzin fut fondé en 1802, en
exécution des dernières volontés du prince
Dmitri Galitzin, ambassadeur à Vienne. La
construction du bâtiment coûta plus d'un million
de roubles, ce qui aujourd'hui en ferait trois ou
quatre. Une disposition touchante du testament
porte que cet asile sera toujours administré par
un membre de la famille domiciliée à Moscou.
Quelle honorable hérédité que ce droit de continuer ainsi la bienfaisance du fondateur!! L'ad-
ministrateur vivant désigne lui-même son successeur. Un capital de 850,000 roubles, déposé à
la maison des Enfans-Trouvés, fut assigné par le
testateur aux frais de cet hôpital, et en outre les
revenus de deux terres dont l'une est de neuf
cents paysans et l'autre de huit cents.

La maison de charité du comte Schéréméteff
n'excite pas moins d'admiration. Les bâtimens
coûtèrent 5oo,ooo roubles (2 millions de fr.) au
cours actuel. Mais c'est peu que de bâtir, il faut
meubler il faut affecter un revenu pour l'entretien
des malades. Le noble bienfaiteur consacra, de
son vivant, au soulagement des malheureux admis
dans la maison de charité, 1oo,ooo roubles
de revenus (4oo,ooo fr.); et le jour de l'ouverture de l'hospice, on distribua 5o,ooo roubles en aumônes. L'immensité de ces pieuses largesses dispense de toute réflexion.

Je recommande à l'attention des voyageurs
l'hospice des Veuves, le bureau de Bienfaisance
publique, la maison des Fous, la Société impériale philantropique, l'hospice Saint André, l'hôpital Kourakin, celui de *Darie*, fondé par la bienfaisance anonyme d'un Français, l'hôpital des
Pauvres, l'hospice impérial de Paul, l'hôpital
de Catherine, le grand hôpital militaire, et enfin
les quatre hôpitaux connus sous les noms d'Am-
bulance de police, dont la destination est de
donner les premiers soins aux malades ou blessés
trouvés sur la voie publique, et en général à

tous ceux dont l'état d'asphyxie ou de danger imminent réclame de prompt secours.

Je ne dirai rien des établissemens militaires ; tant de voyageurs sont entrés dans les plus grands détails sur le corps impérial des cadets , des pupilles militaires , etc. , etc. , que ce serait me jeter dans des répétitions fastidieuses.

Le club anglais et le club des marchands offrent quelques particularités curieuses ; le premier se compose de six cents membres , et les règlemens rigoureusement observés s'opposent à ce qu'on dépasse ce nombre. L'honneur ou le plaisir d'être admis dans ces joyeuses réunions est postulé aussi vivement que chez nous un fauteuil académique. Je connais un habitant de Moscou qui attend son tour depuis dix ans.

En ma qualité d'étranger, j'y fus présenté comme visiteur par l'un des membres , qui répondait de ma conduite , et se rendait caution des dettes que je pourrais contracter au club. Cette garantie est ordonnée par les règlemens, bien que les jeux de hasard ne soient pas permis ; mais on prend sa revanche dans les parties de commerce où l'on joue fort gros jeu. Ce club est

ouvert jusqu'à minuit; on y trouve journaux,
salles de billards, etc., etc. On peut y souper
tous les jours, mais on n'y dîne que deux fois
par semaine, le mercredi et le samedi. Le dîner
se paie trois roubles, indépendamment des
vins qui se vendent d'après un tarif réglé par
les directeurs. Ce directoire se compose de six
membres qu'on renouvelle tous les ans.

Le club des marchands est plus hospitalier,
car les femmes y sont admises à certaines époques de l'année, le jour des bals et mascarades,
où les réunions deviennent très-brillantes.

Parmi les cinquante articles composant la
charte du club de commerce, il en est un de
nature à faire pâlir un gastronome. Les jours de
bal, on doit, à un signal donné, quitter sa place
au souper pour la céder à un autre, et cela sans
égard au reste d'appétit que peut avoir le convive dérangé. J'aime à croire qu'on n'exécute
pas rigoureusement une disposition réglemen-
taire aussi cruelle.

Le club des Marchands se ferme à deux
heures après minuit; les contrevenans à cette
police paient une amende qui double chaque
demi-heure, ce qui exposerait un délinquant qui

s'oublierait dans les délices de la bonne chère ou dans l'ivresse du jeu, jusqu'à neuf heures du matin, à payer une somme de 15,384 fr.

Rien de si animé que la population de Moscou les jours de fêtes printannières et dans toute la belle saison. La grandeur de cette ville, son exposition pittoresque offre une multitude de beaux aspects pour les promenades annuelles, où toutes les classes se donnent rendez-vous. Qu'on se figure la réunion parisienne de Longchamp se renouvelant une quarantaine de fois, mais toujours sur un emplacement différent ; cette variété dans le champ des plaisirs est peut-être sans exemple.

La veille du dimanche des Rameaux, on se promène au Kremlin et au Krasnoï Ploschtchad. Pendant la semaine de Pâques, le quartier de Podnovinsky devient le théâtre des joies publiques ; il est superflu d'en faire l'énumération, car elle serait la répétition de celles que j'ai rapportées dans l'*Hermite en Russie*.

Le vendredi, la foule se rend au monastère de Devitchai et à Novinski.

Le 1er mai, on se rend dans un bois situé près de la barrière Sakolniki ; c'est la fête du printems ; toute la population y célèbre gaiement la jeunesse de l'année. Les gazons de Sakolniki sont une immense nappe autour de laquelle se groupent cent cinquante mille convives, car chaque famille transporte dans ce camp champêtre ses provisions et ses ustensiles. Le coup-d'œil est ravissant; quatre rangs de voitures circulent lentement autour de la fête.

Le jour de l'Ascension, on se rend au Garo-khovoïpol et au jardin d'été.

Le jeudi qui précède la Pentecôte est destiné à la promenade du Semik. Elle a lieu hors de la ville, dans un bois nommé Marina Roschtcha (bois de Marie). A cette époque de l'année, la nature du Nord déploie toute sa magnificence, et les Moscovites s'enivrent des progrès rapides du printems.

Le jour de la Trinité, toute la population se porte à Kalantcha et à la barrière de Dorogo-miloff.

Le 21 mai et le 23 juin, à la porte de la Stretenka.

Le 24 juin, aux trois montagnes.

Le 29, jour de Saint-Pierre et de Saint-Paul, dans le quartier de Préobrajensky et à la Polianka.

Le 20 juillet, au champ de Vorontsoff.

Le 1er août, à la Trouba et au couvent de Simonoff.

Le 6 août, au couvent de Novospaskoï.

Le 15 et 16 du même mois, au couvent d'Andronieff et à l'Ostojenska.

Le 19, au couvent de Donskoï.

Le 26, auprès de la tour de Soukhareff.

Le 29, à l'ancien couvent de Saint-Jean, derrière la rue de la Pokrovka.

Le 1er septembre, au couvent de Daniloff.

Le 8, à Boutirki et au monastère de Rojest-venka.

Le 14, au Vosdvijenskoï, monastère et à l'église paroissiale de Saint-Nicétas, à la Bassmannaïa.

Le 8 octobre, au Pakrovskoï-Selo. Le jour de la Toussaint, à la porte de la Varvarka et au village de Vséviatskoï.

Cette nomenclature, bien que monotone, trouvera peut-être grâce, parce qu'elle donne une idée de la diversité et de la grandeur des sites où toute une population peut se réunir, en même tems qu'elle explique la gaîté des Moscovites, toujours entretenue par ces continuels déplacemens de leurs plaisirs.

Je ne puis mieux terminer ce long chapitre qu'en citant une notice de l'ouvrage de M. de Laveau ; elle est relative à un monument situé dans le Kitaïgorod ; ce tombeau est l'objet de la vénération toute particulière des Russes.

« Le tombeau de Matvéef se trouve dans la
» rue des Arméniens, où il est élevé par le
» comte Romantzoff, l'un des descendans de
» cet illustre boyard. Matvéef, l'ami le plus
» fidèle du tzar Alexis Mikhaïlovitch , occu-
» pait des postes éminens à sa cour. La bien-
» faisance, l'une des vertus qu'il pratiqua pen-
» dant toute sa vie, l'avait engagé à recueil-
» lir et à élever la belle Natalie Narischkin ,
» fille d'un gentilhomme peu fortuné. Le tzar,
» qui la vit chez Matvéef, l'aima : et bientôt
» après , Natalie occupa un trône où elle sut
» mériter le nom de mère du peuple. Matvéef,
» qui surveillait l'éducation des enfans du tzar,
» avait dû s'absenter pour assister au blocus de
» Smolensk ; et c'est dans cette circonstance
» que le tzar lui écrivit ces paroles mémora-
» bles, et qui honorent autant le prince qui les
» traça que le sujet qui put mériter qu'on les
» lui adressât. « Mon ami, reviens vers nous

» le plus tôt possible: sans toi, mes enfans et
» moi ressemblons à de tristes orphelins. Ils
» n'ont personne pour les surveiller, et moi, je
» n'ai personne dans le sein de qui je puisse
» épancher mon cœur et mes pensées. »

» L'ami du tzar se distinguait surtout par la
» probité la plus intègre , et par le plus noble
» désintéressement. Sa maison, située dans la
» paroisse de Saint-Nicolas-le-Miraculeux, en-
» tre la Pakrovka Mesnitska, était de peu
» d'apparence : et comme elle tombait en vé-
» tusté, le tzar engageait souvent Matvéef à
» s'en faire construire une plus commode et
» plus convenable à son rang. Le boyard s'ex-
» cusait sans cesse, en disant qu'il n'avait ni
» le loisir ni les moyens d'entreprendre des bâ-
» tisses. Pour ne plus lui laisser de prétexte à
» alléguer, le prince lui déclara qu'il se char-
» geait lui-même de faire reconstruire sa mai-
» son; et Matvéef, qui craignait d'abuser de la
» bonté de son souverain, le remercia, et lui
» dit que les bienfaits qu'il tenait de la munifi-
» cence du tzar l'avaient mis en état de faire
» lui-même cette dépense. Ayant donné l'or-
» dre d'assembler des matériaux, le hasard

» voulut qu'on ne pût pas se procurer dans ce
» moment des pierres pour poser les fondemens
» de la maison. Le bruit s'en étant répandu
» dans la ville, Matvéef vit arriver chez lui
» une foule de strélitz et de citoyens conduisant
» des chariots, et apportant un présent unique
» dans son genre. Ils lui annoncèrent qu'ayant
» appris qu'il manquait de matériaux, ils lui
» amenaient des pierres qu'ils s'étaient procu-
» rées. Matvéef, se refusant à les accepter sans
» en payer le prix, la foule lui répondit una-
» nimement : « Ces pierres ne sont pas à ven-
» dre : nous les avons détachées des tombes de
» nos pères, et nous les offrons à notre bien-
» faiteur. »

» Matvéef en informa aussitôt le tzar qui lui
» répondit : « Le peuple t'aime, puisqu'il a pu
» dégarnir pour toi les tombeaux de ses ancê-
» tres. Tu dois accepter : si un pareil don m'a-
» vait été offert, je l'eusse moi-même accueilli
» avec bienveillance. »

» Matvéef fut un habile négociateur, et ami
» des beaux-arts. Il avait une troupe de comé-
» diens et de musiciens qui, pendant les fêtes

» de Noël et au carnaval , donnaient des fêtes
» à la cour.

» A l'avènement au trône du jeune Féodor,
» les ennemis de Matvéef le firent reléguer
» à Poustoserks, dans l'un des districts les
» plus âpres et les plus tristes d'Archangel.
» Quand le tzar eut épousé la vertueuse Apra-
» xin, il rappela l'illustre exilé ; mais ce ne fut
« qu'après la mort de Féodor, que Matvéef
» arriva à Moscou. Quinze jours après son ar-
» rivée, c'est-à-dire le 15 mai 1682, éclata
» la fatale émeute des Strélitz. Pour prévenir
» la ruine de sa patrie, et pour sauver la fa-
» mille du tzar , Matvéef s'exposa à la fureur
» de ces forcenés , et il devint une victime de
» leur rage.

» Le monument dans lequel repose sa tombe est
» simple : quatre petites colonnes et deux flam-
» beaux renversés forment les seuls ornemens
» dont on ait cru devoir décorer la tombe d'un
» homme aussi célèbre par la simplicité de ses
» mœurs que par l'éclat de ses vertus. »

Ce qu'il y a d'admirable dans les villes russes,
c'est l'absence totale du dégoûtant tableau

qu'offre dans toutes nos cités, et surtout à Paris, ces gens qui prennent les coins de rues, les murs et les places publiques pour des latrines. C'est un outrage à la pudeur et à la propreté. On serait tenté de croire que les Russes sont des corps trop glorieux, car les hommes des classes les plus inférieures se montrent aussi réservés que les autres. Je n'ai point deviné comment on put établir ce pudique usage, mais le fait est qu'il existe; il se retrouve, dit-on, dans tous les pays orientaux. En vérité, sous ce rapport, l'Occident peut leur porter envie ; il serait fort à désirer que Paris surtout, qui se dit la ville la plus civilisée de l'univers, voulût bien emprunter *aux barbares* cette convenance de propreté et de décence.

— N° XXXIX. —

PIERRE-LE-GRAND.

Passe-tems de la cour de ce prince. — Simplicité des boyards. — Pont des Soupirs. — Expérience de Pierre Ier. — Opinion d'un Russe sur ce prince. — Canne merveilleuse. — Perruque d'un bourguemestre. — Nouvelle visite à l'académie des sciences. — Pierre-le-Grand graveur, tourneur, cordonnier, etc. — L'histoire souvent ennuyeuse. — Un secrétaire harmonieux. — Crédit de la canne de Pierre-le-Grand, anecdote.

LES premiers essais d'un peuple entraîné brusquement hors de sa sphère par les volontés ardentes et impétueuses d'un souverain qui dit : « *Que la lumière soit !* » devaient présenter des faits remarquables. J'en ai trouvé de curieux dans un ouvrage fort rare aujourd'hui, et que j'ai eu le malheur de confier à une dame, dont l'usage est de ne jamais rendre les livres qu'on lui prête,

ce qui a fait dire à M. Narischkin : « Mme de ***
retient tout ce qu'elle lit. »

L'auteur de l'ouvrage perdu pour moi est un
certain Véber, ministre d'une petite cour d'Allemagne auprès de Pierre Ier, en 1705 et 1706.
C'était l'époque où l'empereur se dépêchait de
créer une nouvelle capitale sur un terrain suédois, afin d'ôter à cette nation tout espoir
de le recouvrer. Le tzar se faisait déjà expé-
dier plusieurs seigneurs de Moscou, auxquels
il donnait l'ordre d'élever des palais sur la rive
droite du fleuve. Le bon M. Véber se crut
obligé d'aller voir ces boyards (1) qui, n'ayant

(1) Un jeune Russe me faisait voir dernièrement sa
maison dans le plus grand détail ; de pièce en pièce
nous arrivâmes jusqu'à la galerie des ancêtres, dont
plusieurs furent contemporains de Pierre-le-Grand :
avant cette époque, [on ne s'avisait guère de se faire
peindre en Russie. Ces portraits semblent respirer la
gêne d'un costume nouvellement adopté : il est facile de
reconnaître que le peintre fut appelé immédiatement
après la métamorphose. Cette perruque est mal posée,
les épaules n'entrent point dans cet habit, les décorations sont gauchement attachées sur ces larges poitri-
nes ; enfin on devine que ces mentons furent rasés
hier pour la première fois. Je me gardai bien de com-
muniquer mes réflexions au maître de la galerie, dont

encore aucune idée de savoir-vivre et d'étiquette, lui firent dire que, ne le connaissant pas,
ils n'avaient pas la moindre envie de le recevoir.
Le diplomate prit fort bien la chose, et en
plaisanta avec l'empereur qui, blâmant l'impolitesse de MM. les gentilshommes de province ,
engagea l'envoyé à renouveler sa visite. Cette
fois M. Véber fut reçu, mais de quelle manière!
Après les premières civilités , on apporta de
grands verres, et on versa rasade. Trompé par
la couleur du liquide, le ministre crut boire de
la bière ou de l'hydromel : hélas! c'était de
l'eau de-vie de grain. Il n'y avait pas moyen de
reculer ; un refus aurait peut-être amené une
rupture entre les deux cours : il avala le nectar
jusqu'à la dernière goutte, et il dit naïvement,
dans ses mémoires, qu'il ne dormit pas de huit
jours.

Quelque tems après , le corps diplomatique
reçut du grand-maître des cérémonies une invi-

---

la tournure élégante ne laisse rien à reprendre , mais
je pensai que messieurs ses aïeux s'étaient trop pressés, et
qu'ils auraient dû prendre le tems de se familiariser
avec l'habit européen , ou se faire peindre avec le noble
et beau costume des boyards russes.

tation pour assister avec toute la cour à l'exécution d'un misérable condamné au knout. Quel
spectacle pour des chargés d'affaires un peu
sensibles! Voilà quels étaient alors les uniques
divertissemens de cette ville au berceau. Si
soixante ans plus tard l'excellent M. Véber,
ministre à la cour de Catherine (l'une des plus
polies et des plus brillantes de l'Europe), eût
assisté aux représentations de l'*Hermitage* , et
qu'il eût vu jouer les chefs-d'œuvre de Racine
et de Voltaire, on peut juger de son étonnement devant cette incroyable métamorphose.

Dernièrement, un Russe, avec lequel je venais
de traverser la place du Grand-Théâtre, me dit :
« Nous voilà sur *le Pont des Soupirs.* » A cette
dénomination, ma pensée se porta sur quelque
catastrophe amoureuse ; je voyais un amant re-
buté s'abîmer au fond du canal, pour y étein-
dres ses feux. Je me trompais. Ce pont était le
lieu consacré aux admonestations un peu vives
que Pierre adressait à ses courtisans, ingénieurs,
architectes ou tous autres employés paresseux et
négligens. Elle consistait en quelques coups de
canne appliqués sur les épaules du patient , et
suivis d'une franche accolade, pour prouver

sans doute la vérité de cet adage « *qui aime bien,
châtie bien.* » Les *bien-aimés* n'avaient garde de
crier en recevant ces preuves d'affection ; ils
se bornaient à soupirer, et c'est ce qui valut à
ce pont le nom de Pont des Soupirs.

Les monarques d'Asie recourent souvent aux
déguisemens, pour aller écouter l'opinion publique, pour découvrir la vérité, qui peut si
rarement franchir le rempart de courtisans et
d'esclaves dont ils sont entourés. Avant d'entrer dans la grande famille européenne, les
souverains de la Russie faisaient de nombreux
emprunts aux usages asiatiques. Pierre Ier re-
prenait souvent son costume grossier *de Saardam*,
pour aller se mêler dans la foule des ouvriers du
port ; là, il attrapait de bonnes vérités dont il
faisait son profit, ce qui valait mieux que de les
punir. Ce grand homme se défiait toujours des
rapports venimeux qui préviennent défavorable-
ment le monarque. Dans ce genre, la moindre
incertitude lui était insupportable, et pour la secouer, il courait aussi vivement à la vérité qu'à
l'abordage d'un vaisseau turc.

Un jour, on lui dénonça l'archimandrite (1)

____

(1) On appelle ainsi le prieur d'un monastère.

comme n'ayant que l'apparence de la piété et de
la sobriété : « Chaque soir, disait-on, il pro-
voque le sommeil par deux bouteilles d'un excellent vin, tandis que l'archevêque édifie tous
les fidèles par son abstinence. » L'empereur,
voulant s'assurer de l'exactitude de ces deux
rapports, se présente le soir même au monastère : il surprend le supérieur priant Dieu dans
sa cellule. Deux bouteilles, comme on l'avait
dit, étaient placées sur une table. Pierre dit au
moine : « J'ai soif: voulez-vous me laisser goûter votre vin? — Sire, répliqua l'archimandrite, mon vin ne vous portera pas à la tête. »
En effet, l'une des bouteilles contenait une bois-
son rafraîchissante, et dans l'autre, il n'y avait
que de l'eau.

En quittant le monastère, l'empereur se rendit chez l'archevêque ; il était nuit ; le palais
resplendissait de lumières : on entendait le son
de plusieurs instrumens. L'archevêque, prévenu
subitement de l'arrivée du monarque, se porta au
devant de lui avec un verre de vin, et lui dit
d'un ton jovial: « Sire, j'ai rêvé la nuit dernière que tu nous honorerais de ta présence ce
soir, c'est ce qui fait que tu nous trouves tous

dans la jubilation ; gracieux souverain! bois ce vin, qui est aussi vieux que moi, et viens te réjouir avec nous. » Pierre, sans adresser aucun reproche à l'archevêque, se mit à table, et passa presque toute la nuit dans les joies d'un festin.

Le lendemain, l'empereur dit à ses courtisans : « On m'a trompé ; je me suis assuré par moi-même que l'archimandrite et l'archevêque ont chacun l'esprit de leur état. » Alors il fit venir le dénonciateur, et lui appliqua le plus gaîment du monde vingt-cinq coups de canne. Le courtisan *soupira*, s'inclina respectueusement, et le jour suivant, il reprit son poste ; le ressentiment de l'empereur s'éteignait au dernier coup de la correction. Un vieux Russe, plein de vénération pour la mémoire de Pierre-le-Grand, me disait, après m'avoir donné quelques détails sur cette vie si prodigieusement active : « Monsieur, peut-être devons-nous déplorer qu'à ce règne éclatant, mais un peu rude, n'ait pas succédé un sceptre plus doux et tenu par des mains plus sages. Après leur terrible fondateur, les Romains virent le trône occupé par le divin Numa; le premier avait

fondé une ville, une puissance militaire, un
esprit national ; le second s'appliqua à polir les
mœurs, à créer une législation, à former son
peuple au respect de la religion et des lois ; enfin
à le soumettre par l'ascendant de la justice et de
toutes les nobles vertus qui régnaient avec lui.
Ce génie bienfaisant avança de deux siècles le
grand œuvre de la puissance romaine. A la suite
des brillantes improvisations de Pierre-le-Grand,
pour couronner son ouvrage, il fallait un homme
qui, n'étant plus occupé de la législation des habits, des batailles, des édifices, des constructions
de navire, se dévouât uniquement au côté moral
de l'administration. Des réformes indispensables
et des établissemens utiles nous auraient donné
des prêtres éclairés, des juges intègres, des
professeurs habiles, de bons médecins et de
savans avocats. Alors la noblesse, au lieu de
s'engloutir dans le militaire, se serait honorée
de toutes les charges, et même nous eussions vu
chez nous, comme partout, se former une bourgeoisie dont les talens eussent rendu l'émulation
générale. Le règne de Catherine fut celui des
grâces, de l'esprit et de la victoire ; mais..... »
Ici, nous fûmes interrompus, et mon Russe

n'a plus voulu renouer le fil de cette conversation.

Pierre, voyageant en Allemagne, fut harangué à la porte d'une ville par un bourguemestre très-verbeux. Comme S. M. avait peu de cheveux, et qu'il faisait beaucoup de vent, elle eut l'idée de prendre la perruque du magistrat, et de s'en coiffer jusqu'à la fin du discours : alors, l'empereur la replaça sur la tête du grave orateur. On assure que cette perruque se conserve précieusement dans la famille du bourguemestre, et que chaque année le jour anniversaire de cet événement glorieux, elle est frisée, poudrée, et placée avec honneur dans un endroit apparent de la maison.

Le sujet de ce chapitre me ramène à l'Académie de Saint-Pétersbourg.

Mais j'abandonne les sciences naturelles, pour consacrer tout mon intérêt à la mémoire de Pierre Ier. Je m'entoure de ses souvenirs; sa grande ombre descend jusqu'à moi, elle me guide au milieu des monumens de sa prodigieuse et féconde industrie.

Tous les objets qui sont sous mes yeux, sa main les toucha ; ces mécaniques, ces limes

servirent à de nobles délassemens ; ce tout, ces
marteaux, ces ciseaux, tout lui était familier.
Voulant propager dans son empire et les sciences
et les arts, il se crut obligé de donner lui-même
l'exemple ; il voulut tout honorer par son adresse
et son savoir-faire. Il cherchait dans le mouvement de ses bras une diversion utile aux con-
ceptions du génie ; petits ou grands ouvrages, il
fallait qu'il créât, c'était un besoin toujours re-
naissant ; à une chose faite succédait une chose
à faire. C'est une idée ingénieuse que de nous
offrir ce prince au milieu de ses occupations sé-
dentaires ; quand on les rapproche de sa vie
guerrière et législative, on se dit qu'il dut échapper à la maladie générale des rois, à l'ennui.

Au retour de Cronstatd, où il avait arrêté la
profondeur du port, les dimensions des canaux
et la largeur d'un bassin, il rentrait dans son
atelier, et un lustre d'ivoire sortait de ses mains
puissantes : le travail était son repos.

Ces murs sont décorés de bas-reliefs : ils
représentent des siéges et des combats. Voici la
bataille de Pultawa, le tzar fut le peintre de sa
propre victoire ; mais le tableau est en cuivre,
c'est la toile convenable pour un artiste-roi.

Dans cette grande armoire vitrée se trouve *Liselle*, jument persane que montait Pierre le jour de *Pultawa*; elle est sellée et bridée, on dirait qu'elle attend son maître et de nouveaux combats. Près d'elle sont les trois chiens de l'empereur, l'un d'eux est énorme.

On nous introduit dans une autre salle, c'est encore Pierre-le-Grand qui nous reçoit; il est assis dans un fauteuil surmonté d'un dais, ses traits sont nobles, sa taille colossale; le guerrier se repose de l'uniforme, il porte un habit brodé en argent et chamarré d'ordres. Autour de lui sont les portraits de ses prédécesseurs et de ses successeurs; il a l'air de converser avec eux. Il raconte aux uns ce qu'il a fait, il prescrit aux autres ce qu'ils doivent faire. Son père, Alexis Mikaïlovitsch, est revêtu de l'habit oriental orné de perles et de pierreries; ce costume si chargé contraste avec la broderie légère et française de l'habit de son fils. Certainement, lors de l'adoption du costume européen par les premières classes, le tailleur de Pierre-le-Grand ne se douta guère de l'influence de ses ciseaux sur la destinée de l'empire russe.

La piété filiale des successeurs du prince

conserva religieusement dans ce cabinet une
multitude d'objets à son usage : un uniforme
verd, un hausse-col, une écharpe de soie, un
chapeau à cornes percé d'une balle, dont un mi-
racle préserva le prince à Pultawa. Charles XII,
moins heureux en tout que son rival, fut blessé
au pied ce même jour, et obligé de commander
en litière. Ici sont des souliers faits par Pierre,
et du cuir pour les raccommoder ; ce cuir est
un *en cas*, dans une campagne militaire.

Mais la voilà dans cette armoire vitrée, la
célèbre canne aux enchantemens ; à son aspect
un Russe aussi enthousiaste que celui dont je
viens de rapporter les réflexions sur Pierre-le-
Grand, me dit très-vivement : « Monsieur,
vous admirez notre ville ! Eh bien ! saluez cette
canne ; sans elle nous serions dans le marais
jusqu'à la ceinture. Politiquement parlant, nous
autres Russes sortons tous de cette canne, comme
le genre humain d'une côte d'Adam. » Enfin
nous prîmes congé de Pierre-le-Grand et de
toute sa cour. Si j'ai payé tribut à ce monarque,
qu'on n'aille pas me croire atteint d'un fanatique engouement ; je ne me passionne point si
aisément pour les héros, mais je me complais à

présenter celui-ci cultivant des arts paisibles. On aime à connaître les détails de la vie privée des hommes qui ont fait beaucoup de bruit. Je voudrais que le repos des souverains eût son historiographe comme leurs agitations. Les écrivains s'appesantissent trop sur les batailles, et jamais assez sur les entre-actes de la guerre ; qui voit un combat les a tous vus ; plus ou moins de combattans, plus ou moins de sang versé, plus ou moins de science ou de bévues. Quelle monotonie dans ces perpétuels coups de canon et dans ce carnage des baïonnettes : le résultat obligé de ces exterminations, c'est un *Te Deum* chanté d'un côté, et souvent de tous les deux avec une égale bonne foi. L'historien, pour varier les sujets, nous décrit un siége qui traîne en longueur, et quelque petite maladie épidémique qui décime les assiégeans ; tout languit, et le lecteur s'endort avant que la place soit prise. Par exemple, en relisant les narrations des deux derniers siècles, on retrouve toujours l'assommante ville de *Namur* : il n'y a aucun moyen de l'éviter, et je suis sûr que nous avons lu deux cents fois la prise et reprise de cette ville. Remarquons aussi que les historiens ne se don-

nent jamais des quartiers d'hiver comme les
généraux; ils se contentent de les indiquer, ce
qui ne laisse aucun repos; de sorte qu'en ter-
minant une campagne à la page 236, ils en re-
commencent très-fastidieusement une autre à la
page 237. J'ai fait la guerre avec plaisir, ce
qui ne m'empêche pas de la trouver excessivement
ennuyeuse dans les livres.

Supposons qu'un historien, laissant Louis XII
et François Ier s'escrimer vainement dans le
duché de Milan, théâtre de chimères, ne se
fût attaché qu'à représenter ces deux héros en
habit civil, ou pour mieux dire dans le désha-
billé de la paix. Ne posséderions-nous pas un
ouvrage très-original, plein de faits curieux et
intéressans? ne serait-ce pas un code d'actions
généreuses, de justice, de vertus, de politesse
et de noble galanterie que l'histoire de ces deux
rois désarmés par la paix? Quoi de plus touchant que la vie de celui qui fut surnommé
le *Père du peuple*? Quoi de plus aimable que
celle d'un chevalier couronné qui mérita le titre
de *Restaurateur des lettres*?

Je ne conseille à personne d'aller à l'Académie des sciences pendant l'hiver, car on court

le risque d'y rester en qualité de *pétrification ;*
de grandes salles pavées en marbre et point
chauffées, sont insoutenables dans cette saison ;
mieux vaudrait cent fois passer le jour au milieu
du Champ-de-Mars, on y éprouverait moins
vivement les atteintes du climat. Entouré des
produits sibériens, je ressentais le froid de cette
contrée glaciale ; l'illusion était beaucoup trop
parfaite ; des observateurs transis ont mauvaise
grâce dans le temple de la science, déjà si
froide de sa nature.

A la fin j'ai crié merci, et l'on nous a fait
passer dans une chambre chauffée ; je ne puis
rendre le bonheur de cette transition, nous
restâmes une heure dans ce charmant réduit
civilisé par un poële, et bientôt notre curiosité se réveilla. Nous vîmes un portrait de
Catherine, ou plutôt l'intention d'un portrait ;
l'artiste n'a rien saisi de la noble expression de
cette figure : il exila le génie de ce front auguste. Si l'impératrice avait eu cette physionomie, adieu Catherine *le Grand*, c'était une
souveraine comme on en vit tant et comme on
en verra beaucoup.

Nous voilà avec un nouveau *cicerone*, c'est

encore un soldat : tout se passe militairement
en Russie. Le vieux guerrier s'approche d'un
immense secrétaire d'acajou orné de bronzes
dorés, il touche un bouton, le secrétaire s'ouvre,
et de l'intérieur s'échappe une romance exécutée
par un orgue ; plusieurs airs se succèdent ; une
seconde pression ouvre les coffres et petites
niches ; les ressorts ont tant de souplesse que le
jeu se fait sans bruit et sans interrompre l'in-
visible symphonie. L'encre, les plumes, le papier se placent d'eux-mêmes sous la main, le
mécanicien prévit tout ! Encore un effort de
génie et il évitait à l'impératrice la peine
d'écrire.

Catherine aimait peu les joujoux (1) ; elle livra bientôt ce meuble extraordinaire à la curiosité des amateurs. Depuis quarante ans ses ressorts obéissent aux doigts du vieux soldat :
chose inconcevable ! ce fonctionnaire public n'est

____

(1) Ce secrétaire harmonieux fut confectionné à
Vienne par un mécanicien nommé Reutkin, l'impératrice le paya 40 mille roubles (160 mille francs). C'était
trois ou quatre fois sa valeur ; mais elle aimait à imprimer son cachet de grandeur aux actions les plus in-
différentes.

point blasé ; son admiration pour l'instrument
qu'il fait agir et chanter me paraît aussi vive
que si elle était toute neuve ; il ne se lasse pas
même des petites pièces blanches qu'on lui
donne. Ce bon vieux m'a intéressé : l'empire
russe ne possède pas d'employé plus attaché à
ses devoirs ni plus immuable dans l'exercice de
sa charge.

Qu'on me pardonne si je remonte aux froides
régions de l'académie pour parler d'un certain
coffret en cuivre doré contenant un manuscrit
presque entièrement tracé de la main de Catherine ; en voici le titre : *Matériaux qui ont servi
à composer l'instruction de la commission établie
pour présenter les projets de lois.* Ce manuscrit
fut imprimé, traduit en français et en plusieurs
autres langues.

Je borne à ces détails ma description ; si on a
le désir de connaître l'imprimerie, la librairie,
le cabinet de physique, l'observatoire, le globe
de Gotorps, on doit lire la *Relation des deux
Français voyageurs dans le Nord ;* ils décrivent
tout avec une minutieuse exactitude : on ne
porte pas plus loin la patience et la sévérité de
nomenclature. Quant à moi, je ne vois aucune

nécessité de faire un ouvrage avec un ouvrage ;
le lecteur approuvera cette réserve, elle nous
oblige tous les deux. Je termine ce chapitre par
une anecdote qui se rattache à la canne de
Pierre-le-Grand.

Ce souverain se promenait un jour dans les
sentiers de l'Amirauté ; selon son habitude, il
était mis fort simplement. Il rencontre un petit seigneur de province dont l'air était triste
et découragé ; il l'attaque de conversation :
« Monsieur, vous paraissez chagrin, soucieux ;
pouvez-vous me dire la cause de vos inquiétudes ? — Oui, certainement, je puis vous
la dire ; je me morfonds ici depuis deux mois
sans qu'il me soit possible d'obtenir une simple
signature. On ne finit rien dans ce diable de
pays. La chancellerie de l'amirauté vous remet
toujours au lendemain, et ce lendemain peut
durer toute l'année ! — Quel est l'objet de
cette signature ? — Un mandat de paiement pour
des fournitures que j'ai faites ; l'empereur a
un terrible goût de construction ; mais ce n'est
pas le tout que de bâtir des villes, il faudrait
encore payer ses dettes ; je m'ennuie mortellement ici, loin de ma femme et de mes petits.

enfans. — Vous avez raison, il faut payer ses
dettes; mais ne vous découragez point, re-
tournez demain dans les bureaux et réclamez
votre mandat. — Parbleu, voilà un fameux conseil que vous me donnez là! ils me diront encore
brusquement : *Revenez demain!* — C'est très-
possible; cependant, s'ils vous renvoient sans
l'expédition, montrez-leur cette canne et ne
dites rien, elle parlera pour vous. — Vous plaisantez, Monsieur: vous m'avez reconnu pour
un provincial, et.... — Non, je parle très-sérieusement, prenez cette canne, et demain, à
la même heure, rapportez-la moi ici. »

A ces mots, l'empereur quitta notre homme
dont l'étonnement l'amusait beaucoup; il le vi
de loin tourner et retourner la canne comme
pour y découvrir quelque sortilége.

Le lendemain, S. M. retrouva son protégé au
même poste ; il avait une figure rayonnante et
se confondit en remercîmens. « Ah! Monsieur,
s'écria-t-il, quelle canne merveilleuse! je me suis
présenté, et, comme de coutume, on m'a adressé
l'éternelle réponse *à demain*. Sans répliquer, sans
me fâcher, je leur ai montré ma canne ; dès qu'ils
l'ont vue, c'est tout comme si le feu se fût mis

dans les bureaux ; les plus dédaigneux se sont
levés , c'était à qui chercherait le mieux ; mon
mandat n'était pas loin, on l'a signé, on me l'a
remis avec la plus grande politesse, et tous de
me faire des excuses, de m'accompagner jusque dans la cour. Ah ! c'est une vraie sorcière
que cette canne ! Si vous pouviez me la céder !
mettez-y le prix qu'il vous plaira. — Mon cher
monsieur, je ne suis pas marchand de cannes,
mais, lorsque vous en aurez besoin, elle est
toujours à votre service. »

Dans ce moment quelques officiers arrivèrent
et découvrirent l'*incognito* ; le provincial com-
prit alors la magie du bâton ; l'empereur le traita
fort bien, et l'obligé se félicita beaucoup d'avoir
fait une connaissance aussi utile et aussi distin-
guée.

—— N° XL. ——

LES JEUNES GENS.

Pourquoi ils ont peu d'enjouement. — Nouveaux rapports avec les parens. — Ancienne éducation des jeunes gens à leur entrée dans le monde. — Les vieilles
femmes et les majors. — Les femmes ne sont point
restaurées. — Les éducations fortes.—Un jeune officier détracteur des anciennes gloires.

Au milieu du bouleversement de toutes les
idées, il s'est formé sur la jeunesse actuelle des
opinions diamétralement opposées; les uns la
disent studieuse et pensante, les autres font son
procès peut-être, avec trop de rigueur, sans ré-
fléchir que les jeunes gens sont victimes de leur
tems, comme les hommes d'un âge mûr, comme
nous tous; nous avons mal choisi l'époque pour
habiter ce meilleur des mondes, c'est ce qui faisait dire à une femme frappée de ce manque
d'à-propos : « Mon Dieu! je voudrais bien que
mon grand père n'eût que six ans. »

« Les jeunes gens, dit-on, manquent de verve
et d'enjouement, rien n'est saillant dans leur caractère et leurs habitudes. » C'est tout simple,
depuis long-tems le thermomètre politique est
au sérieux fixe; la plupart des hommes qui ap-
prochent de l'âge mûr naquirent au milieu des
châteaux brûlés, des prisons et des exils; ceux qui
sont plus jeunes grandirent au bruit des armes et
d'une guerre d'extermination; tout cela semble-
t-il une école de gaîté et de grâce? La politesse,
le doux savoir-vivre, sont les fruits délicieux
des règnes calmes, des tems prospères; notre
caractère national, et particulièrement celui de
la jeunesse, doit se ressentir d'une longue période
de malheurs et de cruautés. Aujourd'hui, la société tend à se recomposer, mais l'opération sera longue : l'harmonie nécessaire pour ressaisir
le charme des relations est encore rompue par
le dissentiment des opinions et l'aigreur des
discussions politiques : les convalescences sont
lentes et laborieuses ; après de vives douleurs
le malade conserve une sorte de tremblement
nerveux qui recule sa guérison. D'ailleurs, comment reprendre des sentimens doux et bienveil-
lans, lorsqu'on s'essaie avec impatience, avec

convulsion, aux intérêts parlementaires dont le premier élément est de se fâcher, de s'indigner contre les supériorités? Chacun veut user plus ou moins de ce droit; autrefois, on chansonnait les ministres, et cette fronde tournait encore au profit de la gaîté; aujourd'hui, ce seraient des jeux d'enfans, on ne s'en tient pas là; une indignation tant soit peu jouée s'exhale avec violence contre les agens du pouvoir; c'est un tonnerre qui gronde sans cesse au-dessus de leurs têtes. Nous les blâmons tous sans exception depuis le président du conseil, jusqu'au modeste garde champêtre; on fait des libelles contre le premier et on assomme le second, quand sa surveillance devient trop importune. Cette opposition permanente se communique insensiblement aux rapports habituels; de la région des affaires, elle descend dans celle des plaisirs; de la tribune des chambres, elle s'établit dans les salons pour briser l'aménité de nos mœurs et nous enlever tout besoin et tout désir de nous plaire. Ainsi, le tems qu'on employait jadis à s'aimer et à se le dire, on le consacre à se haïr et à se le prouver. Qu'en résulte-t-il? que l'on se désintéresse bientôt des

autres et de soi-même, parce qu'au fond, la vie,
telle qu'on l'entend, n'offre plus que des joies
inquiètes, et un horizon toujours menaçant. Il
semble que les Français, accoutumés depuis des
siècles à un certain ordre de choses, ne peuvent
se façonner à un autre, sans subir d'immenses
altérations dans leur caractère et dans leurs habitudes.

Mais je reviens aux jeunes gens ; quand ils
font connaissance avec la vie, ils éprouvent une
déception qui les étonne, qui assombrit leurs
cœurs et glace leur imagination ; ils vous diraient
volontiers : « Quoi, n'est-ce que cela ! nous
comptions sur mieux. » On les accuse de man-
quer de politesse, de grâce et d'enjouement,
mais ils manquent d'école, de modèles et de
professeurs pour recevoir cette seconde éducation tout aussi nécessaire que la première. Au
sortir des bancs, ils sont livrés à eux-mêmes, ou
uniquement soutenus par l'aveugle faiblesse des
parens ; la famille s'extasie devant eux, c'est le
ton du jour : il n'y a guère de père qui ne se croie
inférieur à son fils sortant du collége, et ayant
étudié toutes les sciences ; que ce père se per-
mette une verte mercuriale contre le jeune lau-

réat, il passe pour un barbare, pour un homme
d'autrefois. Car , nous sommes dans le siècle
des enfans gâtés; aux pères trop rigoureux succèdent des pères trop enthousiastes de leurs enfans.
La sévérité est remplacée par la familiarité; c'est
ainsi qu'on passe d'un extrême à l'autre, sans
songer à se reposer dans un terme moyen.

En Russie, un père a la simplicité de croire
qu'il aime ses enfans et qu'il en est aimé, tout
en ne renonçant point au respect qu'on lui doit :
il ne va pas avec eux bras dessus bras dessous,
il n'en est point tutoyé cavalièrement (1); à Paris, le premier écolier auquel on raconterait cette
manière d'être, s'écrierait : « On voit bien que
ce peuple est encore à moitié sauvage, dire *vous*
à son père, mais c'est tuer le sentiment, c'est
outrager la *nature.* Quelle indifférence! quelle
froideur! » Puis il ajouterait d'un ton senten-
cieux : « Il faut entre un père et un fils la confiance et l'abandon qui existe entre deux frères,

(1) M. Dubruel, député de la chambre de 1815, prononça un discours très-remarquable sur la puissance
paternelle; il y a lieu de croire que ce discours fut renvoyé au bureau des renseignemens, car il n'en a plus
été question.

deux amis de collége. » Ainsi, le sentimenta-
lisme actuel exige qu'il y ait dans ce lien sacré
une parfaite égalité ; la figure de l'un sera un
peu moins jeune que celle de l'autre, c'est toute
la différence ; d'ailleurs, fraternité complète,
tolérance réciproque, c'est le mot d'ordre. J'ai
entendu une fille de seize ans dire à sa vieille
grand'mère : « Quand tu voudras faire ton bos-
ton, tu le diras. » Eh bien! on appelle cela de
la sensibilité, du naturel. J'ai vu un grand jeune
homme à la blonde chevelure, dire à son aïeul
couronné de cheveux blancs : « Allons, viens
donc, tu n'en finis point. » Et le bon vieillard
interrompait sa conversation pour répondre plus
vite à l'appel tudesque de son petit-fils. Une
femme, d'ailleurs spirituelle, me disait avec un
air de complaisance : « Les vrais rapports de
famille ne sont compris que depuis 89. Autrefois
nos enfans nous craignaient ; maintenant, ils
nous aiment. — Très-bien, Madame, l'antithèse
est élégante, mais permettez-moi d'ajouter qu'ils
vous aiment tellement et vous craignent si peu,
que, forts de votre indulgence, ils deviennent
chez vous de petits despotes, et chez les autres,
des personnages très-ridicules. »

Ainsi ne nous étonnons point de rencontrer une multitude de pédans bien gourmés, avec des manières bien tranchantes, la parole brève et des opinions absolues ; ils sont aujourd'hui dans un cercle, ce qu'ils étaient hier sous le toit paternel; pourquoi changeraient-ils de façons! On leur dit qu'ils sont bien, et qu'ils font bien. Après de fortes études, et quelques succès dans les arts d'équitation, d'escrime et de danse, ils se regardent, à leur entrée dans le monde, comme des chefs-d'œuvre de perfection et des machines à raisonnemens! Leur confiance s'appuie sur l'insouciance de la société. Si, par grand hasard, ils rencontrent un redresseur de torts, un homme peu endurant, ils le regardent comme un vieux fou, et poursuivent leur marche triomphale. J'ai vu encore les bons restes d'un tems où les salons étaient soumis à une sorte de discipline, à un code de savoir-vivre et de convenances; il s'apprenait d'autant mieux, qu'il n'était point écrit, il avait force de loi par la puissance des traditions. Alors, il existait un tribunal redoutable pour la jeunesse, c'était celui des femmes âgées auxquelles l'esprit, le grand usage du monde et l'amabilité qui laisse

la figure se rider sans vieillir avec elle, accor-
daient le privilége de donner des conseils et même
des leçons. Ces leçons, quelquefois sévères mais
toujours justes, réformaient le mauvais ton, mo-
difiaient les travers et apprenaient à respecter
la société. On devait plaire aux vieilles femmes,
sous peine de ne pas plaire aux jeunes ; la ligue
était générale contre la sottise, l'impolitesse, la
jactance et l'orgueil trop à nu; l'arme du ridicule
les atteignait, et cette arme était maniée avec
une délicatesse qui la rendait piquante sans
qu'elle fût mortelle; on ne décourageait point
la jeunesse, mais en l'admettant dans les salons, on voulait la rendre aimable et gracieuse :
c'était l'intérêt de tout le monde.

Lorsqu'un jeune homme entrait dans un régiment, ses parens le plaçaient sous la surveillance du major. Cet officier supérieur devenait
le mentor de la jeunesse guerrière, il la surveillait avec sévérité, souvent même avec rigueur. Son attention se dirigeait sur le ton, sur la
contenance dans le monde, sur le caractère et les
habitudes ; il ne laissait passer ni les vanités
de fortune, ni l'orgueil de nom ; la plus légère
infraction aux convenances reçues était verte-

ment tancée. J'ai vu un jeune sous-lieutenant condamné aux arrêts pendant huit jours, pour avoir répondu impoliment à une femme. Enfin le major était un juge inexorable, et ses élèves s'en trouvaient bien.

Mais, dira-t-on, puisqu'il y a encore des majors et des vieilles femmes, pourquoi ces deux autorités sont-elles sans influence? C'est que le sentiment d'intérêt commun qui liait la société n'existe plus. D'ailleurs, aujourd'hui, un officier supérieur ne s'aviserait point de faire une police étrangère à l'ordonnance. Le réprimandé lui dirait: « Monsieur, j'ai été à la manœuvre ce matin, et à la parade à midi; qu'exigez-vous de mieux? Hors du service vous n'êtes plus sur votre terrain; je puis donc faire ce qui me plaît. » Faut-il bien l'avouer, et puis, dans l'état actuel des choses, tel sous-lieutenant pourrait apprendre à son major, excellent officier d'ailleurs, la tactique du salon et la science du monde.

Mais les femmes? ajoutera-t-on. Les femmes ne veulent point s'exposer à une réponse impertinente ou grossière. Qui les soutiendrait dans leur entreprise pour la bonne cause? Il n'y a plus de solidarité, plus d'esprit de corps. Au

premier essai de ce genre, savez-vous ce qu'on
dirait ? « Elle a tort; cela ne la regardait point. »
Il serait même possible que sa leçon ne fût point
comprise ; on l'attribuerait à un mouvement
d'humeur plutôt qu'à un sentiment de convenance et à un désir généreux de réformation.
Hélas ! l'anarchie s'est glissée partout; les
femmes âgées ne règnent pas plus que les
jeunes ; ce riant empire ne présente que des
souvenirs et des ruines; cette sorte de galanterie désintéressée qui nous était naturelle, qui
n'est point inséparable des bonnes mœurs, et
que la révolution rejeta hors de France, n'est
pas *rentrée !* La radiation n'a point existé pour
elle. Les hommages, les déférences, les égards,
le respect pour les femmes, tout cela fut aboli
comme autant de corvées dont il est commode
de s'affranchir; aussi on peut remarquer que,
sauf les différences de costumes, on pourrait
croire que les deux sexes n'en font qu'un. Non
malheureusement , les femmes ne règnent
plus, et ce qui me désole, c'est qu'elles ne
s'en affligent pas assez. Résignées dans leur
abdication, elles prennent leur bonne part de
l'indifférence générale; enfin, on ne connaît

plus guère que deux devises, et certes, les détracteurs de l'ancienne France ne lui reproche-
ront point d'être chevaleresque , les voici :
« Chacun pour soi, et sauve qui peut. » L'adoption de ces tristes règles de conduite explique les dissonances qui rompent l'harmonie
et désenchantent les relations sociales.

Un jour, chez le ministre de Bavière, on
souleva toutes les questions qui sont le sujet de
ce chapitre. Notre compatriote, M. D***, qui
est un des grands adversaires du tems présent,
se déchaînait contre la jeunesse actuelle; le général B***, le plus indulgent des hommes,
prenait son parti, et lui disait : « Mon cher, je
ne puis partager votre opinion, vous généralisez
trop vos plaintes et vos critiques; il existe encore
une foule d'aimables jeunes gens; lorsque vous
éprouvez de l'humeur contre une classe quel-
conque, jetez-vous dans les exceptions; Dieu
merci! elles sont encore nombreuses. Si vous
n'usez point de ce tempérament, vous deviendrez un philosophe chagrin et souvent injuste;
par exemple quand vous verrez Alphonse , que
vous ne connaissez point et que nous aimons
tous , il vous réconciliera avec les jeunes gens,

car il a tout pour lui : savoir, esprit, raison, douceur, politesse et modestie, rien ne lui manque; Alphonse est mon héros, il désarmerait vos préventions. Rien n'est si attrayant que la jeunesse quand elle est aimable et qu'elle a les vertus de son état. Une des choses qui charme dans Alphonse, c'est sa passion pour les bonnes lettres : il n'a pas un seul des mille préjugés littéraires du moment ; il eût été élevé par le père Poré ou par le père Rapin, qu'il ne posséderait pas un jugement plus sain en littérature.

» Quand vous rencontrez un jeune homme, ajouta le général, qui n'a aucun goût pour les lettres, il faut remonter à son éducation ; s'il vous dit qu'il fut élevé dans un établissement militaire, il y aurait de l'injustice à le trop blâmer, car ce n'est point sa faute ; dans ces écoles, la littérature n'est traitée que comme un faible accessoire au milieu des sciences dont on encombre ces jeunes cerveaux. Le principal, je dirai presque l'exclusif mobile des éducations guerrières, c'est de rendre les élèves géomètres, physiciens, ingénieurs, dessinateurs, géographes, etc., etc. Tout cela est bon sans doute, on ne croit plus pouvoir s'en passer pour faire un officier. Mais doit-on laisser en friche le champ de l'imagination? Faut-il n'envisager que la guerre; et quand on n'aurait que ce but, pense-t-on que les grâces du style et du discours soient superflues pour nos guerriers, et comment posséderont-ils ces avantages, aussi brillans qu'utiles, si la science, envahissant les loisirs du jeune âge, les prive des fleurs de l'enseignement et dessèche leur ame et leur esprit? C'est trop sacrifier à l'art d'aligner des hommes pour en tuer d'autres. Sous Louis XIV, les éducations militaires étaient moins *fortes* (c'est l'expression consacrée), et cependant, en fait de victoires, on ne s'y prit pas trop gauchement. »

Dans ce moment nous vîmes entrer Frédéric, jeune officier, expédié en courrier à Pétersbourg : la discussion recommença de plus belle. Frédéric a le travers de traiter dédaigneusement tous les tems qui précédèrent celui où il a guerroyé, il sourit de pitié devant nos vieilles gloires militaires et littéraires. M. D***, dont la mauvaise humeur n'égare pas toujours le jugement, laissa Frédéric développer ses idées sur l'éducation moderne, et accabler de sarcasmes l'ancienne méthode ; puis, sans trop heurter le

jeune sophiste, il le réfuta avec politesse et une légère teinte de persifflage : « Je pense comme vous
sur plusieurs choses , lui dit-il ; mais , de grâce ,
daignez m'apprendre comment nos auteurs du
dix-septième siècle, qui n'avaient point reçu
ce que nous appelons *une éducation forte* , ga-
gnèrent le sommet de la célébrité, où ils restent
des modèles inimitables dans toutes les branches
de l'esprit humain. Au fait, ce règne produisit
un tas de personnages illustres , on ne sait trop
pourquoi ni comment , puisque *l'éducation forte*
leur manqua. Peut-être arriverons-nous à la
conviction que l'immense gloire du grand
siècle n'est qu'un préjugé ; oui, on finira par
s'assurer que ces orateurs , ces moralistes , ces
poètes immortels n'étaient au fond que des gens
très-médiocres, et, pour me servir d'une expression du jour , *des perruques.* Que si , des grands
écrivains , nous passons aux grands généraux du
grand roi, nous voilà retombés dans les mêmes
hésitations sur la réalité de leurs talens. Tu-
renne, Condé, Catinat, Luxembourg, Boufflers,
Villars , furent privés d'une éducation forte , et
cependant l'histoire nous prouve que ce ne fut
pas un très-grand malheur pour la France. Si ,

le lendemain d'une victoire, on leur eût demandé
comment ils avaient battu l'ennemi, ces bonnes
gens n'auraient guère su quels termes employer
pour motiver leurs victoires ; peut-être eussent-
ils dit franchement qu'elles étaient l'effet du
hasard. Mais, monsieur Frédéric, puisque je
vous fais beaucoup de concession, faites-m'en
une seule, accordez-moi (et cela n'ira pas plus
loin) que ces victoires ont du bon, quoique peu
scientifiques ; j'ai même une crainte, c'est que
les journées de *Rocroi*, de *Lens*, de *Denain*, de
Jemmape et de *Fleurus* ne restent en possession de *chatouiller* plus agréablement l'orgueil
français que celles d'*Austerlitz* et d'*Aboukir*.
Ces dernières furent remportées bien loin de
nous, elles appartiennent à la conquête, et la
patrie ne saurait accorder une grande estime aux
lauriers cueillis au milieu des sapins de la Mo-
ravie, ou sous les palmiers de l'Egypte. Malgré
soi, on a l'arrière-pensée que ces exploits profi-
tent beaucoup plus au général qu'aux soldats et
à la nation qui les fournit. Les victoires vraiment
nationales sont celles gagnées près des frontières, dans l'intérêt de la défense du pays.
Ainsi, somme toute, nos petits-neveux auront le

mauvais goût de leur décerner la palme patriotique, comme nous avons celui de placer bien
au dessus des batailles d'*Arbelle* et d'*Issus*
celles de *Salamine* et *Marathon*. »

Frédéric sourit, garda ses opinions, et nous
gardâmes les nôtres.

— Nº XLI. —

DE NOTRE
LITTÉRATURE EN RUSSIE.

Pourquoi la Russie repousse le romantisme. — Une tragédie restée en portefeuille. — Les Anglais et les Allemands injustes pour nos chefs-d'œuvre. — Un de ces derniers passionné pour la poésie française. — MM. de La Martine, Briffaut, Soumet, Edmond Géraud, Alexandre Guiraud. — M. de Chénedollé.

En commençant ce chapitre, où il ne sera question de la littérature nationale que sous le rapport qu'exercent sur elle les littératures étrangères, il n'est pas hors de propos d'avertir mes lecteurs que mon discours d'introduction dans l'*Anthologie russe* (1), renferme un précis historique sur la naissance, la marche et les progrès des lettres. C'est là qu'on trouvera des

(1) Cet ouvrage se trouve chez M. Pillet aîné, rue des Grands-Augustins, n. 7.

notions complètes sur la littérature du Nord (1).

Pendant la deuxième moitié du dernier siècle, les lettres obtinrent ici l'accroissement le plus rapide. La chaleur vivifiante des grâces et des encouragemens hâta leurs progrès, et l'on vit se succéder de bons et utiles ouvrages dans toutes les branches de la littérature sacrée et profane. Ce fut alors que Voltaire, averti de cet essor du génie national, par ses correspondances avec le pays dont il s'était rendu l'historien, s'écriait dans le délire de son étonnement :

C'est du Nord, aujourd'hui, que nous vient la lumière.

Si la littérature eût été moins près de son berceau, et la langue mieux fixée, nul doute que cette époque mémorable ne fût devenue le grand siècle de la Russie, sous l'influence d'une souveraine éminemment spirituelle et dévouée au culte des beaux-arts. On ne peut même calculer le degré où se serait élevée la nation dans les travaux de l'esprit, si une autre Catherine,

(1) Soumarokoff, le père de la tragédie russe, avait beaucoup de talent, mais personne ne le savait mieux que lui. Il disait naïvement : « La France a Racine, la Russie *m'a.* »

succédant à cette première, eût continué ce noble et généreux protectorat.

A la suite des calamités qui désolèrent l'Europe pendant trente années, les muses s'assombrirent et arborèrent un crêpe ; la Russie ne fut point à l'abri des invasions du mauvais goût et des influences du lugubre romantisme. Toutefois, les Russes ne doivent pas trop s'effrayer de l'éphémère engouement de leurs jeunes poètes pour un genre désavoué par le caractère et l'esprit national. On peut comparer ce travers fugitif de la pensée, à ces maladies douloureuses, mais point mortelles, qui affligent certains pays une seule fois, et dont le nom se perd parce qu'elles ne se reproduisent plus. Les œuvres de ces muses égarées mourront, c'est leur sort, mais le génie de la nation leur survivra. Parmi les auteurs vivans, d'un âge mûr, un seul s'est laissé entraîner, mais les jeunes gens donnent tête baissée dans les piéges allemands ou anglais. Une littérature sans frein et sans règle est si commode pour des esprits paresseux qui veulent des succès faciles et une célébrité peu coûteuse. Aussi ces nouveaux venus ne débutent jamais par une tragédie ou une comédie, comme jadis *Derjavin*, *Kéraskoff*, *Kniajuin*, *Kapnisiste* et de nos jours les *Gnéditsch*, les *Labanoff* et les *Kriloff*. Ces vastes et sérieuses créations les épouvantent, leurs travaux ne s'étendent pas au-delà de quelques pièces fugitives comme leur gloire. La sinistre ballade est le champ qu'ils cultivent sans peine et aussi sans grand honneur; la poésie délirante et vaporeuse plaît à ces cerveaux malades. Prenant un monde idéal pour le beau idéal, ils se traînent sur les pas des Allemands, sans posséder, comme ceux-ci, la poétique du cadavre, le génie du cimetière, et ce riche trésor d'imaginations bizarres qui couvrent quelquefois de beautés les misères d'une composition. Enfin, ici comme en France, les auteurs dépourvus d'un talent vrai tâchent de nous effrayer, faute de savoir nous amuser.

Horace appelait certains poètes des enfileurs de syllabes harmonieuses : *Nugæ canoræ sesquipedalia verba.*

Ces hommes, doués d'une oreille poétique, alignent patiemment leurs vers, qui malheureusement sont ronflans et sonores; dès lors ils se croient placés au haut du Pinde; mais la nature

leur a refusé esprit, gaîté, justesse dans les
idées et surtout invention : n'importe ; leurs ouvrages jouissent de quelque vogue, l'esprit de
coterie encourage ces manufacturiers de vers : le
tems seul en fait justice. Je connais tels auteurs
russes qui, s'ils vivent encore vingt ans, pour-
ront fort bien assister à l'enterrement de leur
gloire. En étudiant les littératures anglaise et
allemande, on finira par découvrir que quelques
écrivains se donnèrent un esprit et des idées aux
dépens des *Burgher*, *Southey*, *Goële*, *Byron*,
Thomas Moore, etc., etc.; car, il est juste de le
dire, les romantiques russes ne se donnent pas
même le soin d'inscrire, après le titre de leurs
ballades, le nom du poète qu'ils traduisent ou
qu'ils imitent ; chez nous cette distraction donnerait un véritable ridicule ; mais ici, la critique, fort débonnaire, ne s'attaque que molle-
ment aux auteurs qui jouissent de la vogue ou
de la protection.

Les destinées littéraires de la Russie s'enchaînent aux nôtres : quoique séparées par de grandes
distances, les nations se devinent, et finissent
par se plaire et par s'aimer ; de ces grandes affec-
tions il résulte une admirable harmonie dans les

goûts de l'esprit et dans l'emploi de la pensée (1). Ainsi, les rives de la Néra repousseront
les écoles britannique et germanique, avec
peut-être plus de patriotisme que celles de la
Seine; car l'affluence des étrangers, la concurrence des théâtres et des auteurs y est bien moins
considérable. Je puis justifier cette opinion par
un exemple tout récent. Un poète, après
un assez long séjour en Allemagne, revint ici
tout hérissé de *Schiller*; dans son enthousiasme,
il avait traduit *Jeanne d'Arc*, dont l'apparition
devait, disait-il, opérer un brusque change-

(1) Parmi les Russes qui, marchant sur les traces
de M. le comte Schouwaloff, appelé par Voltaire l'aimable Russe, s'adonnent avec succès à la poésie française, on peut citer avec éloge M. Kanikoff, ministre
de Russie près la cour de Saxe : ce poète est aussi gracieux que fécond ; le comte Fodor Goloffkin et M. Ba-
zile Pouschkin, dont j'ai retenu plusieurs pièces de vers
charmantes ; M. le prince Michel Galitzin, petit-fils du
comte Schouwaloff; le comte George Kamaroffsky; etc.
Je regrette vivement que le défaut d'espace ne me per-
mette point de faire connaître à mes lecteurs quelques-
unes de ces ingénieuses productions pour leur faire juger avec quelle souplesse l'esprit mobile des Russes se
prête aux finesses de notre langue et au mécanisme de
notre poésie.

ment sur le théâtre national. Mais dès que le
public fut menacé de cette tragédie, il y eut
soulèvement. Suivre pendant cinq mortelles
heures une action dramatique de province en
province, et courir en poste après le dénouement, est la chose impossible ; les légers enfans
du nord aiment beaucoup les voyages, mais au
théâtre ils veulent l'unité de lieu ; leur atten -
tion mobile se refuserait à suivre une action en-
combrée d'années, de contrées et d'événemens.
L'auteur russe, allemandisé, n'a point osé courir une chance, au moins très-douteuse ; il laisse
prudemment dormir sa grosse tragédie : ce sommeil n'a pas l'inconvénient de celui du public.

Dans le mouvement général qui nous enve-
loppa de ruines et de tableaux lugubres, les
romantiques avaient beau jeu pour révolutionner
la poésie ; ils l'essayèrent et l'essaient encore,
mais quelques vaines tentatives ne sont point des
triomphes ; nous resterons classiques, comme
les Anglais resteront asservis à leur *Shakespeare*,
et les Espagnols à *Lopez de Véga* et à *Caldé-
rone de la Barca* (1). Les beautés de la *Mort de*

(1) Un auteur espagnol, *Juan de la Cueva*, influencé
par la lecture des auteurs grecs et latins, publia une

Caton, tragédie régulière, ne désabusèrent point les Anglais de ces sujets voraces, qui absorbent en quelques heures plusieurs grandes périodes de l'histoire ; et le succès de la tragédie de *Didon*, sage création d'un jeune poète, qui fut représentée il y a quelques années sur le théâtre de Vienne, n'ébranla point les amateurs passionnés du chaos dramatique ; les applaudissemens furent de pure tolérance ; on semblait dire à l'auteur :

C'est fort bien, c'est fort beau, mais n'y revenez pas.

Il faut donc le croire, lorsque les nations adoptent tel ou tel genre de littérature, elles sont entraînées par une tendance irrésistible, par l'esprit qui leur est propre. Le goût national prend alors un caractère d'immobilité devant lequel viennnent se perdre tous les efforts des novateurs.

poétique (*exemplar poetico*), où il combattait victorieusement le goût du pays et les grossières erreurs de son théâtre ; mais bientôt, par une singulière inconséquence, il composa des tragédies remplies des défauts si amèrement critiqués, une entre autres (*Los Siele infanies de Lara*), dont l'action dure deux cents ans.

On rencontre souvent dans l'étranger, d'une part, des hommes idolâtres de notre littérature, et de l'autre, des détracteurs acharnés : point de milieu, il est dans la destinée des grandes choses d'inspirer beaucoup d'enthousiasme ou beaucoup de haine. Parmi ces ennemis, l'Anglais fait au moins quelques concessions, mais les Allemands sont inexorables. Les premiers discutent, c'est quelque chose ; les autres se contentent de lancer l'anathème. L'un d'eux disait : « Votre Racine n'est qu'un poète petit-maître, un vrai faiseur d'idylles. » J'osai le prier de motiver son arrêt. « Je ne sache pas, dis-je, qu'Athalie et Clitemnestre soient des Amaryllis, Hermione une Colombe, Mithridate et Acomat des Lycidas. » Je citai même la réponse de ce dernier, lorsque son confident lui reproche d'être amoureux. « Burrhus, ajoutais-je, vous semble-t-il un Philinte et Oreste un berger du Lignon ? L'assassinat de Pyrrhus est au moins une contravention très-marquée à la douce législation des bergeries ? » Mais je prêchais un sourd, impossible d'amollir ce roc anti-racinien.

M. de R***, gros baron livonien, me dit

un jour très-péremptoirement : « Vos écrivains
du dix-septième siècle ont prodigieusement affadi
votre langue ; en fait de poésie, il fallait continuer *Marot*, et, quant à la prose, on ne devait
pas sortir d'*Amyot* et de *Montaigne*. » A l'en
croire, Fénelon et Pascal nous avaient re-
plongés dans la barbarie. Et le baron soutenait
son système avec une obscurité de raisonnemens telle que je n'essayai même pas de le
convertir, bien persuadé qu'un baron de plus
ou de moins importe fort peu à la gloire uni-
verselle de Racine et de Corneille.

Mais qu'on juge de ma surprise lorsque je rencontrai dans cette vaste colonie allemande, un
classique, un traître à la charte romantique,
enfin, un littérateur à cheval sur les trois unités;
certes, ce corps de cavalerie n'est pas nombreux
en Allemagne. Peu de têtes françaises sont aussi
bien meublées que la sienne; je fus d'abord
charmé d'avoir trouvé cette exception; mais,
hélas! il n'est point de pure félicité dans ce
monde; l'amateur fanatique de notre littérature
avait scrupuleusement conservé la prononciation
allemande, disgrâce aujourd'hui fort rare dans

la bonne compagnie; il fallait entendre des citations ainsi travesties :

> Qui n'a bas l'esprit té soun âche,
> Té soun âche a tout le mallire.
> . . . .
> Et rosse, elle a vequi ce qué vifent les rosses,
> L'espace d'un mâtin.

Puis mon homme se lançait dans le tragique :

> Le chour n'est pas pli pire que le fond te mon quire.
> . . . .
> Pourquei lé témanter puisque fous le sâffés.

Quel supplice! Ces citations étaient terminées par
des exclamations : *c'est peau*, *c'est cholli*, *c'est
attemiraple.* « Nos auteurs, ajoutait-il (je rentre
dans l'orthographe usitée), sont presque toujours
hors de nature. On vient de nous donner deux
nouvelles tragédies ; l'auteur de l'une s'exprime
ainsi : « Dans cette nuit fatale (celle de la Saint-
Barthélemi), l'enfer tout entier vint souper et
coucher à Paris. » Il fait dire à Coligny, en parlant de sa fille : « Sa vertu est pour elle une
enveloppe épineuse, à laquelle les courtisans
amoureux viennent se piquer les doigts. » Dans
l'autre pièce, intitulée *Thomas Aniello*, on voit
une princesse, éprise d'un pêcheur, le pour-

suivre, déguisée en moine, jusque dans une
église, pour lui demander le baiser fraternel, et
lui remettre elle-même une déclaration d'amour
par écrit. « Ce pêcheur, s'écrie-t-elle, est devenu pêcheur d'hommes : comme saint Pierre,
il m'a pris dans ses filets. » Quel style, quelle
tragédie ! « Tout cela sont des *pille-fessées*, disait mon Allemand. » Alors je citais les belles
scènes de Warner, Lessing, Schiller et Goëthe.
« Il y a du beau et du bon dans tout cela, me
disait-il, mais quel mélange! et puis, je ne
saurais m'habituer à voir jouer des tragédies
qui durent douze ans, je ne veux pas qu'une
action commence à la côte du *Malapar* et finisse
au *Chapon*. »

Croit-on qu'il y ait beaucoup d'Allemands
qui pensent ainsi? Nous arriverions peut-être à
la douzaine tout au plus. En revanche, combien
de nos *génies* modernes tentent de nous dé-
senchánter de nos grands écrivains, et d'im-
porter un genre en opposition avec nos mœurs,
nos habitudes littéraires et le caractère de notre
langue. C'est que bien des gens, qui ont d'ailleurs beaucoup d'esprit, manquent essentielle-
ment d'esprit national : on devrait leur rappeler

qu'en France, il faut être français, et se faire
comprendre par les Français (1).

Je ne saurais dire avec quelle patriotique satisfaction j'ai rencontré dans les deux capitales
russes, des amateurs passionnés de notre littérature; non que ce goût soit général comme celui
de notre gai langage; je ne veux rien outrer;
mais, enfin, les chevaliers de nos muses portent
l'admiration jusqu'à l'enthousiasme; leur ferveur
me rappelle les beaux jours de la France; ils sont
à l'affût de nos nouveautés littéraires, comme

(1) Pétersbourg a trois académies, savoir l'académie
russe, l'académie des sciences et l'académie des beaux-
arts. La première se compose de vingt immortels de
plus que notre académie française. Ces messieurs sont
soixante, dont une trentaine résident en province ou
s'absentent très-souvent. Il y a chaque année une séance
solennelle dans laquelle plusieurs académiciens lisent
des fragmens de leurs compositions en vers ou en
prose. Mais voici une chose choquante : il n'y a point de
fauteuil isolé pour le lecteur, il lit de sa place ; et, souvent pressé par ses voisins, il n'a pas la liberté du geste.
Cette posture, par trop modeste, n'est pas favorable à
la déclamation. Le gouvernement encourage fort peu
l'académie russe, et l'empereur Alexandre a une profonde indifférence en matière de littérature. L'académie
des beaux-arts envoie des pensionnaires à Rome ; ce-

autrefois on épiait chez nous la publication d'un
quatrain ou d'un madrigal. Les jeux floraux et
autres académies de nos provinces n'échappent
pas même à leur investigation poétique ; ils ado-
rent nos grands écrivains, cela va sans dire,
mais leur admiration sait descendre des sommités du Parnasse, pour se reposer au fond du
vallon, avec nos auteurs des deuxième et troisième ordres. Souvent, je rougis de mon ignorance ou de mes oublis, lorsqu'après une cita-
tion des *Sucreries* mythologiques de *Demoustier*,

pendant la Russie n'a point de peintres illustres, les
sculpteurs sont moins médiocres.

Si l'on me demandait quels sont les deux poètes contemporains dont le Parnasse russe peut s'honorer à plus
juste titre, je répondrais sans hésiter d'après toutes les opinions que j'ai recueillies : ce sont MM. Kriloff et Gnéditsch, membres de l'académie. On trouvera aussi des
notices biographiques sur ces deux célèbres écrivains dans
l'*Anthologie*. M. Gnéditsch joint à ses talens poétiques de
profondes connaissances dans toutes les branches de littérature nationale ou étrangère ; il se distingue éminemment par la pureté de son goût, par l'amour du
vrai beau, enfin par une aversion très-prononcée pour
la propagande romantique. Un noble caractère et les
qualités les plus attachantes relèvent l'éclat de son mérite littéraire.

d'une jolie pièce du chevalier de *Bonnard*, d'une tirade de *Lemierre*, de *Dorat*, et même de *Roucher*, il m'arrive de ne pas deviner l'auteur qu'on me cite, et de m'entendre dire : « Comment, Monsieur, vous ne savez pas tout cela par cœur? » Ainsi, non-seulement notre or littéraire a cours en Russie, mais encore notre argent, notre bilan et jusqu'à nos assignats. Je ne puis mieux comparer cette exploration des trésors de l'esprit français, qu'à la manie des amateurs des sciences naturelles qui rougiraient de l'absence d'une plante, d'un coquillage où d'un scarabée dans leur immense collection. Vainement j'espère embarrasser un bibliomane, en lui demandant les œuvres du duc de *Nivernais* ; celles de *Desmahis*, la tragédie de *Maître André*, ou *la Franciade* du marquis de *Dangeau*, il me présente tout cela, car sa marotte est de tout avoir. Cette recherche donne la mesure du prix qu'on attache à la possession de nos belles poésies contemporaines. Les premières Méditations de M. de *Lamartine* ont été réimprimées ici et à Moscou (1), et ces deux éditions suffirent à peine

(1) Tous les livres n'ont pas le même bonheur que ceux de M. de La Martine. Un libraire de cette ville se

à l'empressement des acheteurs ; la *Pauvre Fille*
de M. *Soumet*, les *Savoyards* de M. *Alexandre Guiraud*, les Chansons de *Désaugiers*, tout
cela circule dans le vaste empire ; les *Dialogues
des morts*, de M. Briffaut, réjouissent prodigieusement les vivans des deux capitales russes. La
Fiancée de Millevoie, *le Chien et l'Aveugle*,
la Pélerine de l'Apennin, captivent l'ame et
l'esprit des jolies femmes du Nord. Avec quel
plaisir n'ai-je pas entendu la jeune princesse
Michel Galitzin prêter son doux organe aux
romances anecdotiques de M. Edmond Géraud,
chefs-d'œuvre de style, de grâce et de sensibilité. Les Russes raffollent de ces poésies, ils
trouvent que depuis Parny, aucun auteur français ne posséda à un degré plus éminent que le
poète bordelais la clarté, l'élégance et le charme
du style. Ce suffrage m'amène à faire connaître

rendit éditeur d'un voyage en plusieurs volumes, orné
de quarante-deux gravures. Le prix de l'exemplaire
était porté à 3oo fr. L'ouvrage ne se vendait point, et le
libraire se désespérait. Il imagine un jour de détacher
les gravures du voyage et de les faire vendre à dix roubles. Ce manége lui rapportait par exemplaire 4ao roubles au lieu de 3oo , et il eut encore le bénéfice du
texte.

une de mes tortures dans ce pays. Depuis trois
ans on me poursuit de la même question, elle
m'est adressée par les gens du monde, par les
membres des trois académies, par les diplomates, par les seigneurs de la cour et de la
campagne; à Pétersbourg, à Moscou, dans les
palais et dans les *casins*, enfin partout et par
tous; cette question la voici : « Pourquoi M. de
Chénedollé n'est-il pas de l'Académie française (1)? expliquez-nous ce problème! » On
ne s'en tient pas là, souvent on veut me prouver, les pièces en main, que ce poète doit être
de l'Académie ; on me cite une description
ou un épisode du *Génie de l'homme*, l'ode du
Dante, du Camoëns, etc., etc. A cela je ne
sais que répondre, et on me répète avec une
sorte d'aigreur : « Allons, dites-nous franchement pourquoi un écrivain qui a une gloire
européenne n'est point de l'Académie; il y a
quelque chose là-dessous? » Moi, qui ne sais
pas ce qu'il y a là-dessous, j'hésite, je bal-
butie, et alors on termine ainsi la conversation:
« Ma foi, tant pis pour la France et pour l'Académie. » Dans toutes les réunions des lettres
on me fait la même demande; j'y réponds avec

le même embarras; et je m'attends qu'au jour du départ, lorsque j'irai prendre congé, les amans de nos muses me diront encore : « Au nom du ciel, quand vous serez en France, mandez-nous pourquoi M. de Chénedollé n'est point de l'Académie française (1). »

Je ne dois pas oublier, en parlant des Russes remarquables par leur érudition, le prince Nicolas Galitzin, chez lequel les étrangers sont accueillis avec toute la grâce et l'empressement de l'hospitalité nationale. Le matin, l'homme de lettres trouve ce prince dans une belle bibliothèque, entouré de livres qu'il a lus, et bien lus, car c'est un des hommes les plus instruits de son pays. A cinq heures, le gourmet et le parasite font très-bonne chère chez le prince. Le soir, l'homme du monde rencontre une société choisie dans le salon dont la princesse Hélène fait les honneurs avec une parfaite bonté. Enfin, le mélomane trouve souvent, dans

(1) Ces détails sont de la plus exacte vérité; la complaisance et l'esprit de coterie n'y entrent pour rien. J'ai été le condisciple de M. de Chénedollé; mais il y a plus de vingt-cinq ans que nous nous sommes perdus de vue.

une galerie séparée de la pièce où l'on reçoit,
une musique d'exécution dans laquelle le prince
fait sa partie de violoncelle avec un talent remarquable. Ainsi, on peut dire que sa maison
est agréable pour tous les goûts et à toutes
les heures de la journée.

Combien je serais ingrat envers mes plus
chers souvenirs, si je ne m'empressais de payer
un juste tribut au savant M. Anastassévitch,
conseiller-d'état et membre de la commission
des lois! L'étendue et l'extrême variété de ses
connaissances, qu'il concilie avec une modestie
assez rare chez messieurs les savans, ont souvent abrégé pour.nous la longueur des soirées
septentrionales. Le noble caractère de M. Anastassévitch le rend digne, autant que son érudition, d'être le correspondant et l'ami du docte
archevêque Eugène, métropolitain de Kioff,
prélat aussi distingué par d'éloquentes prédica-
tions, que par d'excellens ouvrages, et dont la
Russie peut à bon droit s'enorgueillir.

— N° XLII. —

LES DIPLOMATES.

M. le comte de Laferronnays. — Le masque de fer et
Ovide. — Distraction d'un ambassadeur de Suède,
anecdote. — Présence d'esprit d'un diplomate.—Prétention d'un Espagnol.—Les dettes criardes. — Deux
ex-ministres étrangers.

L'AMBASSADEUR de France (1) est enfin arrivé.
C'est un des hommes brillans de notre époque,
et dans tous les tems c'eût été un homme remarquable. Le Roi, en le nommant, fit un
cadeau aux affaires étrangères, à la société de
Pétersbourg et à la colonie française ; ainsi, il
est du nombre de ces personnes dont le bonheur arrange tout le monde.

La première fois qu'il parut dans le salon du
comte de L***, la comtesse T*** l'aborda en
s'écriant : « Ah! Monsieur le comte, je vous

(1) M. le comte de Laferronnays.

attendais impatiemment, vous ne me refuserez
pas la première grâce que je vous demande. —
Madame... — Je vous en supplie, dites-moi
ce qu'était le masque de fer?—Hélas! Madame,
je l'ignore comme vous, comme tout le monde.
— Eh bien! j'en étais sûre; voilà le douzième
ambassadeur de France qui répond négative-
ment à cette demande. C'est un parti pris, il
faut attendre; mais si je vais jamais en paradis,
c'est la première question que je ferai en y entrant; je veux savoir absolument quel était ce
masque de fer.

Quelques jours après, une dame voulant sin-
ger la spirituelle comtesse T***, demanda à
un secrétaire de légation italienne, quelle était
la véritable cause de l'exil d'Ovide. « Madame,
répondit le jeune diplomate, avec un grand
sérieux, tous les Italiens le savent, mais tous
se sont donné leur parole d'honneur de ne jamais le dire aux étrangers. »

A Saint-Pétersbourg, le corps diplomatique
se compose généralement d'hommes fort distingués ; la plupart sont spirituels, instruits et
possèdent cette politesse, cette élégance de
mœurs qui fait le charme des relations sociales

et que tant de gens ne déprécient que parce qu'ils ne la possèdent point. Ici, les diplomates jettent beaucoup d'agrément dans les salons : ce sont d'utiles et puissans auxiliaires pour une capitale lointaine, où la présence d'un étranger de marque, venant dans le seul intérêt de son bon plaisir, est une chose tellement rare, qu'elle fait événement.

A Paris et à Londres, les ambassadeurs et ministres sont des personnages noyés dans le tourbillon et presque ignorés; sans le haut plumet du chasseur qui signale leurs voitures, on pourrait croire qu'il n'y a point de diplomates à Paris, tandis qu'à Pétersbourg, leur absence subite laisserait un vide effrayant. On éprouverait d'autant plus d'ennui que naturellement on y a de grandes dispositions à cette maladie du tems présent; il semble qu'il manque une ame à ce beau colosse, surtout lorsqu'on le juge par comparaison avec les trente dernières années de l'autre siècle.

Plusieurs ambassadeurs firent trace dans ce pays; bien qu'absens ou morts, leurs noms vivent encore, et ceux qui savent animer la conversation du prestige des souvenirs, redisent une

foule d'anecdotes sur ces anciens diplomates :
j'en citerai quelques-unes.

Le comte de Stéding, ambassadeur de Suède
près cette cour, dînant chez l'un de ses collè-
gues avec beaucoup de monde, et croyant dîner
chez lui, s'écria au milieu d'un profond silence :
« Parbleu, Messieurs, il faut en convenir,
voilà un détestable repas, je vous demande mille
pardons, mon cuisinier s'est trompé depuis le
potage jusqu'à la gelée d'orange. » Le véritable
Amphitrion était au supplice ; ses amis le conso-
lèrent en lui disant que, ce jour-là, l'ambassadeur de Suède avait une distraction double.

Dans une autre circonstance, il arriva encore
à M. de Stéding de se croire chez lui ; mais
cette fois, sa distraction était plus naturelle,
car il avait habité l'hôtel où il se trouvait et
qu'occupait alors le comte de Cobentzel, ambassadeur d'Autriche. Ce dernier, après un
grand dîner de corps, car toutes les diploma-
ties dînent souvent et beaucoup, vit disparaître
ses convives vers les neuf heures ; le seul *Brancas Suédois* resta (1). Ces deux messieurs étaient

(1) La Bruyère a signalé les distractions du duc de
Brancas sous le nom de Ménalque.

aimables; la conversation intime s'engage, on
épuise trente sujets; la pendule sonne onze
heures. M. de Cobentzel commence à s'étonner;
cependant il prend son parti, et le dialogue se
ranime. Enfin, minuit se fait entendre, mais
M. de Stéding ne bouge pas, seulement il té-
moigne un peu de malaise. La conversation prit
alors le tour suivant : « Je croyais, comte, dit
l'ambassadeur d'Autriche, que vous n'aimiez
pas trop à vous coucher tard. — C'est vrai, et
depuis une heure je devrais être dans mon lit.
— Mais, il me semble qu'il ne tenait qu'à vous...
— Comment, cher comte, anrais-je l'impolitesse d'aller me coucher quand vous êtes chez
moi? — Chez vous? Ah! pour le coup, voilà de
vos distractions. — Eh! mais, quelle folie;
pardon, pardon. Vous avez dû me trouver bien
importun, bien ridicule; en vérité je suis confus. »
Disant ces mots, le ministre de Suède s'enfuit,
et M. de Cobentzel alla se coucher (1).

(1) M. le comte de L***, homme d'esprit, avait l'honneur de recevoir dans son cabinet l'empereur Alexandre, qui visitait un de ses gouvernemens. Le souverain
et le gouverneur s'entretenaient des affaires de la province. Le comte eut besoin de quelques papiers, il sor-

M. le comte de Blacas (1), ministre de Louis XVIII, alors à Mittau, passait la soirée dans une maison; il allait se placer à une table de jeu, lorsqu'un étourdi de la cour eut la sotte pensée de retirer doucement sa chaise; le comte tomba, et sa chute, suivant l'usage, fit rire toute l'assemblée. Il se relève, et dit avec beaucoup de sang-froid : « Si c'est une dame, je suis charmé d'avoir pu l'amuser un instant ; si c'est un homme, j'espère qu'il se nommera. » Grand silence dans le salon. « Allons, reprit le comte de Blacas, en regardant le jeune homme qu'il soupçonnait, je vois que c'est une femme. » Et il se mit au jeu. Rien ne subjugue autant les hommes que l'esprit, et surtout la présence d'esprit. Le ministre eut les rieurs pour lui, et les Russes furent enchantés de la leçon donnée à leur compatriote.

tit pour aller les prendre dans sa chancellerie, et, comme il avait l'habitude de garder sur lui la clé de son cabinet, il enferma l'empereur sous un double tour ; il ne s'aperçut de cette inconvenance qu'en revenant. Alexandre, qui connaissait les distractions habituelles du comte de L***, prit fort bien *la précaution* ; peut-être son père eût-il été moins indulgent.

(1) Aujourd'hui le duc de Blacas.

Voici une autre anecdote, mais, cette fois,
l'esprit n'est pas du côté du diplomate. Dernièrement, on présenta à une charmante princesse
un secrétaire de légation espagnole qui porte un
nom célèbre dans les fastes littéraires. La princesse, aussi instruite que spirituelle, lui demanda s'il appartenait à la famille de l'illustre
auteur. L'Espagnol s'en défendit vivement et
s'embarrassa dans les fils de sa généalogie pour
prouver que sa famille n'avait aucun rapport avec
l'auteur dont il portait le nom. La princesse, fati-
guée de cette plaidoirie, lui dit : « Tant pis pour
vous, Monsieur, je ne connais pas de plus belle
illustration que celle du génie, et pour mon
compte, j'aimerais beaucoup mieux descendre
d'Homère que d'Achille. »

Le ministre d'une cour allemande, ayant beaucoup de politesse, et ne voulant blesser aucune
convenance, se rappela qu'il devait rendre leur
visite à un poète, à un architecte et à un marquis
ruiné ; il jugea sans doute que la mauvaise fortune
de ce dernier le faisait descendre au niveau des
deux autres. Ces trois messieurs étant mariés, le
ministre proposa à sa femme de venir avec lui ;
ce qu'elle accepta. Voilà l'heureux couple en

traîneau. La poésie n'était pas chez elle, on laissa deux cartes et on se rendit chez l'architecture; celle-ci était à la maison, il n'y eut pas moyen de reculer. En sortant, le comte dit à la comtesse : « Ma bonne amie, voilà nos *dettes criardes* aux deux tiers payées; allons chez le pauvre marquis. » Par un très-singulier hasard, le diplomate fut entendu de la gouvernante de l'homme de lettres, qui le connaissait, et qui rapporta cette saillie à ses maîtres. L'architecte et le marquis furent probablement assez flattés de la visite du ministre, mais le poète le fut un peu moins. D'ailleurs il prit la chose fort gaîment. Seulement, il pensa qu'il y a trente ans, un grand seigneur allant voir cette même excellence qui fait ses confidences trop haut, aurait pu dire aussi en la quittant : « Je viens de payer mes dettes criardes. » Et c'est positivement parce que le grand seigneur pouvait le dire alors, que le nouveau seigneur le dit aujourd'hui.

En général, les hommes, et surtout les hommes nouveaux, se laissent beaucoup trop éblouir par une brillante position; ils prennent pour de la considération personnelle celle que le monde n'accorde souvent qu'à leur habit plus

ou moins brodé. J'ai sous les yeux un exemple
qui vient à l'appui de cette réflexion.

Timanthe et Orgon sont ministres d'une cour ;
on les choie, on les visite, point de fête sans
Orgon et Timanthe. Un jour, arrive une dépêche, ils s'enferment pour la lire ; que lisent-
ils ? qu'ils ne sont plus ministres. Les voilà
retombés sur leurs pieds, et réduits à la représentation d'eux-mêmes. Ils n'ont pas beaucoup
de fortune, ils ne peuvent plus tenir maison,
mais ils se plaisent dans ce pays et ils y restent.
Ces deux hommes sont tout-à-fait les mêmes
pour la société, et déjà la société n'est plus la
même pour eux ; rien n'a changé dans leur
esprit, leurs manières, leurs visages et leur
coiffure, ce sont toujours Timanthe et Orgon ;
oui, mais l'auréole diplomatique a disparu, les
courriers ne se rendent plus à leur hôtel, ils ne
disent plus : « Le roi mon maître. » La guerre
ou la paix se fera sans eux, le charme est brisé,
et avec lui se sont envolés la considération, les
empressemens, les égards recherchés. Voilà le
monde, il ne respecte que ceux qui montent, et
se détache de ceux qui descendent. Réunissez
dans un salon un roi déchu et un bourgmestre

actuel, je m'étonnerai fort si les honneurs ne sont
pas pour ce dernier. Il faut en revenir souvent
aux moralités de la fable :

Mieux vaut goujeat debout qu'empereur enterré.

— Nº XLIII. —

TROIS
GRANDS ÉTABLISSEMENS.

—

Etat-major, beauté de cet édifice ; institut de cent jeunes gens.—Le musée de l'amirauté, cabinet d'histoire naturelle.— Armes et armures des insulaires de l'Océan oriental. — Ecole de médecine. — Cinq cents élèves entretenus aux frais de l'état, conditions qui leur sont imposées après leurs cours. —Hôpitaux.

L'ÉTAT-MAJOR est un des plus beaux établissemens de cette capitale, il fut créé par l'empereur Paul; en 1797, ce souverain ordonna que le département géographique s'appellerait le dépôt des cartes militaires. C'est dès-lors que commença une collection de cartes générales : elles s'élèvent déjà à plus d'un million. J'ai vu une armoire remplie d'*in-folios*, renfermant les catalogues, et indiquant le numéro et le rayon;

dans une minute on a sous la main la carte cherchée.

Les murs de cette salle sont couverts de plans représentant les environs de Paris, Versailles, Meaux, Crépi, Jouy, Mantes, Meulan..... Hélas! ces plans furent dressés sur les lieux mêmes; les géographes russes travaillèrent sous la protection des Cosaques, cet aspect attriste des cœurs français, mais ce sentiment amer retombe de tout son poids sur l'homme qui attira chez nous les légions étrangères.

Voici une carte de la Suisse, elle est en relief, elle a environ 3o pieds de circonférence; montagnes, vallées, lacs, plaines, rivières, tout est fidèlement représenté; on employa à la confection de cette belle miniature des plâtres coloriés.

La salle de la bibliothèque est imposante de grandeur et d'architecture : sa forme est ovale, le pourtour est décoré de colonnes d'ordre ionique en faux marbre; la coupole est à jour, les revers sont peints en fresque, représentant des sujets militaires de l'antiquité; au ceintre du plafond, règne une galérie formant bibliothèque; derrière les colonnes sont de grandes armoires où les livres sont divisés par ordre de science.

Voilà le buste colossal en bronze de l'empereur Alexandre, le piédestal est en marbre noir; ce buste fut exécuté d'après celui de la bibliothèque impériale.

Voilà un globe terrestre qu'on fait mouvoir à l'aide d'une manivelle; il a été dessiné et confectionné par des officiers de l'état-major. Les signes du zodiaque qui le surmontent sont en cuivre, c'est un fort bel ouvrage.

Cet établissement renferme dans son sein tous les ouvriers utiles à la confection des cartes, tels que graveurs, lithographes, imprimeurs, peintres, fabriquans d'instrumens de mathématiques, de physique et d'outils pour les gravures.

Il y a un institut de cent jeunes gens logés dans cette vaste enceinte; c'est la pépinière d'officiers nommés à la suite de S. M., ou officiers de quartier pour les états-majors; on les envoie dans les diverses parties de la Russie pour la levée des plans.

Les apprentis ouvriers pour tous les arts ci-dessus dénommés, sont choisis dans les fils de soldats, et également entretenus aux frais de l'état. Depuis deux ans ils apprennent les langues étrangères et les mathématiques; ils sont au nombre de cent; après douze ans de service comme sous-officiers, on les élève au grade d'officiers, si la *liste de conduite* parle pour eux.

La plupart des officiers, qui professent maintenant à l'état-major, firent partie de l'institut. Chaque année, les élèves subissent un examen, et généralement tous les jeunes gens qui se destinent au service : on les interroge en plusieurs langues. Dans une de ces séances, le jeune comte George Kamarovsky répondit avec une égale facilité en russe, français, anglais et allemand; il aurait pu répondre en latin avec la même propriété d'expression; cette faculté suppose une profonde étude de ces idiomes dans les termes d'arts et de science. Le jeune comte Kamarovsky, actuellement officier aux gardes, ne se distingue pas moins par la variété de ses connaissances que par son goût éclairé pour les lettres.

L'état-major occupe les immenses bâtimens construits en face du palais d'hiver; ils forment un demi-cercle; le centre est percé par deux grandes arcades successives, hautes de 80 pieds, et atteignent le quatrième étage; le prolongement de l'aile gauche de ce bel édifice se reprendra au printems, les travaux sont exécutés d'après les plans de l'architecte Rossi.

Toutes les salles du premier étage sont voûtées : une pompe fournit de l'eau dans tous les corridors; il y a des réservoirs dans plusieurs parties de la maison; le bois de chauffage est élevé jusqu'aux étages supérieurs par une machine très-ingénieuse ; l'établissement est éclairé en gaz.

Nous arrivâmes à l'heure où tout le monde était à l'ouvrage : l'un gravait sur cuivre, l'autre sur la pierre, les officiers dessinaient les cartes ou copiaient des plans; je ne puis trop dire combien l'état-major est beau, bien ordonné et bien organisé. Le général Diébitsch, aide-de-camp général de l'empereur, est chef de l'état-major général (1).

(1) Quand j'écrivais ce nom en 1823, je ne prévoyais pas que ce même général serait six ans après vainqueur des Turcs, et leur dicterait les conditions de la paix dans les murs d'Andrinople. Au moment où j'envoie ce chapitre à l'impression, mes lettres de Pétersbourg

Le Musée de l'amirauté est digne de l'attention des voyageurs. La première salle renferme tous les modèles imaginables de navires, depuis le formidable vaisseau à trois ponts jusqu'à l'élégant yacht; les uns prêts aux combats, d'autres prêts à être lancés ; tous les degrés de

me donnent l'énumération des bienfaits que la reconnaissance de l'empereur Nicolas accorde au héros du Balkan. La munificence du souverain est tout-à-fait en harmonie avec la grandeur des services ; je crois lire une page du règne de Catherine. Les Russes doivent désirer que de page en page on arrive au volume.

Un Français a vu ce matin à la caserne du régiment des chevaliers-gardes un vieux cheval qui a fait deux campagnes en Turquie, celles d'Italie sous le général Souwaroff, et qui a été deux fois à Paris lors des invasions. Ce vénérable quadrupède est âgé de trente-cinq ans ; on le nourrit avec de la paille hachée, on le fait sortir tous les jours pendant une demi-heure, enfin il est l'objet des hommages et des attentions de tout le régiment.

Chaque année on établit un camp pour les nombreux corps de la garde impériale sur un emplacement très-favorable aux évolutions militaires. Cette année, les troupes ont beaucoup souffert des pluies abondantes qui tombèrent presque sans interruption dans la dernière quinzaine de juillet (1822). A la suite de ce camp on passa une revue qui se composait de trente-neuf mille cinq cents hommes.

construction sont fidèlement représentés. Voici les modèles des bâtimens étrangers, depuis la galère française jusqu'à la felouque chinoise : le capitaine de cette dernière, assis gravement sur le pont, commande la manœuvre avec des cymbales ; les bois saillans sont ornées de sculptures ; les voiles sont en écorce d'arbre ; les sabords ont des persiennes ; la quille a une grande profondeur ; j'ai remarqué une multitude d'ustensiles de cuisine, des assiettes, des théières ; on se dit qu'il est possible de voyager très-commodément dans ce paquebot.

La bibliothèque du Musée contient cinquante mille volumes ; tous les voyages par terre et par mer, tous les ouvrages de marine et de sciences naturelles font partie de cette collection.

Dans la salle voisine, nous sommes avec les sauvages des îles de l'Océan oriental et de la mer du Sud ; on dirait qu'ils fondèrent un arsenal dans cette ville ; toutes leurs armes et armures sont devant nous. Flèches dentelées, haches, hallebardes, massues, carquois, etc. Ces visières faites de fil d'écorce entrelacés préservent, dit-on, les combattans des coups les plus meurtriers. Voilà des couronnes, des

sceptres et des manteaux d'honneur; à côté,
des outils pour travailler le bois; ils sont faits
d'une pierre plus dure que le marbre et excessivement tranchante; ici, sont des chapeaux de
paille, des paniers d'osier, des toiles d'écorce
battue, et tellement triturée par la pierre,
qu'elles font corps et servent de linge.

En entrant dans cette grande pièce, nous
croyons voir un énorme poisson, c'est un canot
d'une forme très-remarquable; il a 25 pieds
de long sur 30 pouces de large, il est fait en
bois léger, doublé de peau de poisson dans
toute son étendue; trois ouvertures étroites sont
pratiquées à cette espèce de sac marin; c'est-
là que se placent les rameurs; ils portent une
robe de peau de poisson, fort large, et serrant
au cou; leur bonnet est de même étoffe; ainsi
voilà des hommes et des canots imperméables :
la quille de ce petit esquif est très-aiguë, et la
proue, tellement incisive, qu'en mer elle fend
les vagues qui feraient chavirer toute autre
chaloupe; on dit que rien n'égale la vitesse de
cette embarcation. Elle se nomme baïdar; sa
forme est absolument celle d'un poisson, dont
les rames figurent les nageoires.

Sur une table il y a deux têtes momies, ce sont deux caciques, homme et femme, de la Nouvelle-Zélande; elles sont couvertes d'un voile transparent; leur visage est tatoué avec une grande correction de dessin, on gâte la nature fort artistement chez ces bons sauvages; leurs cheveux sont noirs et durs, le fond de la peau cuivré, les oreilles fort petites et fendues de telle sorte qu'on pourrait y passer le doigt; elles sont chargées d'une foule de colifichets.

Cette armoire atteste, par la variété des objets qu'elle contient, que les habitans des îles Sandwich, Aléoute, et celles du Renard, sont très-industrieux; on voit toute espèce d'outils, des nattes, divers habits et ornemens, des colliers, des dents de poisson, des ficelles de nerfs de poisson, des masques monstrueux représentant des têtes d'ours et de sangliers, dont les naturels se parent dans leurs fêtes; des idoles en bois peint, offrant trois figures diverses, selon la manière dont on les tourne.

Je fais grâce des plantes marines coralisées, des crocodiles, serpens à sonnettes, dauphins, requins, collection de papillons, insectes, oiseaux, conques marines, crystallisations de l'Amérique du nord, phallus d'éléphans, tortues énormes, etc., etc., etc.

Voici une chose remarquable : on trouva ces deux cents pièces de monnaies *cufiques* au pied d'un chêne déraciné dans les montagnes de Valdaïa; M. ***, membre de l'académie des sciences, célèbre orientaliste, a publié une dissertation sur ces médailles, portant la date du huitième siècle; on présume que les Maures, venus avant Rurik, commerçaient sur la côte occidentale de Russie.

Le premier conseil de l'amirauté se rassemble dans cette salle, pour entendre les rapports des voyageurs autour du monde; il se compose des amiraux Sartichoff et Krusenstern, des capitaines de vaisseau Golovin et Vassilieff, et de M. Glotoff, directeur du Musée.

La salle du grand conseil est ornée de sculptures; son plafond est magnifique; dans le fond de cette salle sont les armoiries de tous les gouvernemens russes. Sur le mur à droite on voit deux tableaux représentant un combat naval contre les Suédois; Pierre-le-Grand commande l'abordage l'épée à la main.

En quittant cette salle, nous entrâmes dans

un cabinet très-riche en instrumens de physique, d'astronomie et de marine; enfin, après
avoir vu la signature de Pierre Ier, apposée au
bas du dessin d'un navire construit entièrement
par ce prince, nous quittâmes l'amirauté avec
cette satisfaction qu'on éprouve presque toujours lorsqu'on visite les grands établissemens
de la Russie.

Hier, à dix heures, la Néva nous reçut sur
ses flots limpides, et nous voguâmes vers le
quartier de Vibourg; en côtoyant la rive droite
du fleuve, nous aperçûmes le long d'un balcon,
au-dessus du portique d'un immense édifice,
quelques têtes humaines, séchant au soleil. A
cet aspect, je fus tenté de dire au batelier :
« Éloigne-nous à force de rames de ce tableau
lugubre, une telle enseigne annonce un lieu qu'il
faut fuir. » Mais le batelier n'aurait pas compris
ma délicatesse, et moi comme voyageur je
comprends qu'il faut tout voir. Nous quittâmes
donc la barque pour entrer dans le sanctuaire de
la science médicale.

Nous sommes d'abord introduits chez M. le
docteur *Daniel Vélansky* (élève du célèbre
Schilling), professeur de philosophie, biblio-

thécaire de l'académie médico-chirurgicale et auteur de plusieurs ouvrages très-estimés. Avant de nous faire les honneurs de la maison, M. Vélansky nous donna des notions générales sur l'établissement. Ma première question fut naïve comme celle de tout étranger qui n'a point la mesure de la grandeur des établissemens russes (1). « Monsieur, lui dis-je, cette école est dans une magnifique exposition, mais les élèves sont obligés de faire bien du chemin pour assister aux leçons des professeurs? — Beaucoup moins que vous ne pensez, répondit-il en souriant, car ils descendent seulement de leurs chambres; tous sont pensionnaires de la maison, comme ils l'étaient aux académies et gymnases dans lesquels ils firent leurs études préliminaires. Ici, plus de quatre cent cinquante jeunes gens sont entretenus et deviennent médecins, aux frais du gouvernement. »

L'empereur Paul, en fondant cet établissement, s'est montré tout-à-fait digne de la re-

(1) J'ai éprouvé la même surprise en visitant l'académie des beaux-arts, qui renferme aussi un grand nombre d'élèves, également entretenus aux frais de l'état. Ce grandiose dans la munificence du gouver-

connaissance publique. Les jeunes gens destinés
à l'austère profession de la médecine, vivent se-
questrés des distractions mondaines. Pendant
toute la durée des études, ils n'ont à s'inquiéter
ni de la nourriture, ni du vêtement, ni du logement, ni même de leurs plaisirs; ainsi, ils
restent étrangers aux soucis de la vie comme aux
joies tumultueuses et aux passions dévorantes qui,
en énervant la jeunesse, éteignent souvent en elle
l'amour du travail.

Tandis que nos étudians du pays latin inon-
dent chaque soir les théâtres, les élèves russes
méditent sur la leçon du jour, et se préparent à
celle du lendemain. Il me semble que, dans
notre France émancipée de toutes règles aus-
tères, un déficit de trois cents soirées doit faire
trembler d'une part pour les malades futurs de
nos Esculapes en pépinière, de l'autre, pour
les plaideurs qui confieront leur fortune ou leur
honneur à ces Démosthènes en herbe. Tant
qu'on étudie, la sobriété du plaisir tourne au

nement prouve son impatience de hâter les progrès de
l'éducation par des moyens extraordinaires, et de se
placer à la hauteur des empires qui devancèrent la
Russie dans la carrière des sciences et des beaux-arts.

III.   6

profit de la santé et de la science ; c'est traiter
cette dernière trop lestement, que de lui dérober
les heures de la lampe ; les résultats infaillibles
de cette passion des théâtres doivent être quelques traitemens bien lugubres , et quelques plai-
doiries bien comiques.

Ici la sévérité des études n'exclut point les
occupations de l'esprit , ni même les distractions
de la comédie , mais on s'y livre modérément et
sans sortir de l'institut. L'an dernier, lors des
exercices solennels, les élèves représentèrent
sur le théâtre de l'école l'*Andria de Térence* ,
purgée de tous les passages désavoués par la
pudeur et le bon goût ; c'est une heureuse idée
que de diriger la jeunesse vers la bonne latinité
par les voies de l'amusement. La même pièce
fut jouée en langue allemande.

Les étudians suivent tous les cours de la
science médicale, tels que l'histoire naturelle,
l'anatomie, la botanique, la chimie, la clinique
et la pharmacie : les maîtres professent dans
plusieurs langues, principalement en latin, russe
et allemand ; on y enseigne aussi le français et
l'anglais.

La plupart de ces jeunes gens sont fils de

popes, de bourgeois, ou de paysans affranchis;
au sortir des académies ou séminaires, dont les
études se prolongent jusqu'à dix-huit ou vingt
ans, ils entrent à l'école de médecine et y restent quatre années; la condition de cette éducation gratuite est de consacrer huit ans au
service de l'état (1). Lorsque les élèves sortent
de cet institut, ils sont disséminés dans la
flotte, l'armée, les mines, les villes de district,
les colonies, les manufactures et autres établissemens de la couronne. Cette école fournit
annuellement cent sujets; celle de Moscou,
établie sur les mêmes bases, en donne quatre-
vingts : la distribution des jeunes docteurs se
fait d'après leur degré d'aptitude : ceux des
villes de district sont à la disposition du capitaine de police, et vont porter les secours de
l'art dans les villages dès qu'un propriétaire signale une maladie épidémique; mais leurs soins
se dirigent spécialement sur tous les établissemens publics de la contrée. Quand les particuliers
les appellent, ces médecins ont le droit d'exiger

(1) A l'expiration des huit années, ils peuvent se retirer ou continuer leur service.

une rétribution, c'est un petit supplément à la modique somme que l'état leur accorde.

Presque tous les grands propriétaires ont un médecin attaché à leur personne, soignant aussi leurs gens et leurs paysans; ils peuvent envoyer un de leurs vassaux à l'académie de médecine, pourvu qu'il ait fait des études préparatoires, mais cet élève n'est admis qu'avec un brevet d'affranchissement. Cette condition fort sage relève le prix de la science : tous ceux qui ont fini leurs études, reçoivent le titre de docteur, et prennent un rang qui les achemine à la noblesse; plusieurs obtiennent le grade de major dès leur entrée dans un régiment.

L'académie admet aussi des externes qui assistent aux cours, mais ceux-là ne sont point forcés de servir l'état. Je transmets ici fidèlement la partie *causée* de notre visite, voici maintenant la partie ambulante.

Le logement des élèves occupe un grand carré du premier étage; chaque chambre, contenant quatre lits, est aérée par deux croisées; toutes sont numérotées et le nombre s'arrête à cent. Ainsi, il y a quatre cents étudians entretenus aux frais de l'état, plus, ceux de l'école

vétérinaire, attachée à la même académie, et
également gratuite ; c'est là que se forment les
maréchaux experts pour les régimens de cavalerie ; on dit que cette école n'est pas forte, il
y a quatre-vingts élèves.

Nous vîmes rapidement la salle d'exercices ;
la bibliothèque renfermant trente-deux mille
volumes, la salle d'étude et le réfectoire, qui
se métamorphose en salle de spectacle les jours
de représentation.

L'amphithéâtre est situé dans un vaste bâtiment composé de plusieurs salles ; l'une, voisine
du laboratoire, est consacrée aux expériences
chimiques ; tout près est le théâtre anatomique,
plus loin celui de la physiologie ; nous avons vu
encore un beau cabinet de physique, très-riche
en instrumens, et un autre cabinet de physiologie contenant une multitude de préparations
anatomiques, divisées par armoires.

Dans une salle voisine, dont on m'ouvre la
porte, sont les corps destinés à la dissection ;
pour le coup, je passe droit mon chemin ; c'est
bien assez de cette foule de squelettes que renferme la salle voisine. La mort toute récente
inspire une sorte d'horreur, dont on aime à s'af-

franchir, lorsqu'on ne porte point le bonnet doctoral.

Dans l'enceinte de ces immenses édifices, on trouve encore deux grands hôpitaux, l'un pour l'infanterie, l'autre pour la marine; ils contiennent six mille lits, mais le nombre des malades ne dépasse guère deux mille à deux mille cinq cents. C'est là que les élèves assistent aux grandes opérations chirurgicales et au traitement des maladies; ainsi ils ont sous la main les préceptes et l'exemple. Un des plus utiles bienfaits de ces établissemens, c'est de donner chaque année à la société cent quatre-vingts médecins, qui, pendant quatre ans, se sont voués à la médecine pratique sous les yeux de leurs maîtres.

Les deux hôpitaux sont entourés au sud et à l'ouest par les eaux de la Néva; l'air y est très-pur; les convalescens se promènent dans un vaste jardin; l'académie a aussi le sien. Enfin, à la vue de ce double établissement, on bénit Paul Ier; bien des caprices sont effacés par une création si belle et dont tous les résultats tournent au profit de l'humanité souffrante. J'oubliais de dire que, dans la bibliothèque,

nous saluâmes avec respect le buste du comte
Vassilieff, ministre des finances sous Paul ; c'est
lui qui soumit à l'empereur le plan et les règlemens de l'académie de médecine. De simple
copiste au ministère des finances, cet homme
s'éleva à la première place. Cela nous prouve,
qu'ici comme ailleurs, le vrai mérite conduit
aux honneurs et à la fortune !

~~~~~~

— N° XLIV. —

~~~~~~

MÉLANGES.

———

Pétition à un obélisque. — Boutade d'un vieux Arménien contre la révolution. — Noble vengeance d'une
reine. — Le jeu de billard et une audience. — Fri-
volité des Parisiens. — Rien n'étonne.

L'AUTRE jour je rencontrai M. Kourloff en face
de l'église des Arméniens ; voici mot à mot
notre conversation : « Où allez-vous donc,
M. Kourloff ? — Chez le comte Granitkin (1),
pour lui demander une grâce. — Sérieusement ?
— Sans doute ! — Je vous plains. — Pourquoi ?
— Parce que vous n'obtiendrez rien. — Qu'en
savez-vous ? j'ai tant de titres, je les ferai valoir.
Enfin, je me suis promis de lui soumettre ma
demande. — En ce cas, je vous conseille d'aller
sur la place de l'académie des beaux-arts et

(1) Ce nom est supposé.

de vous poser respectueusement devant l'obélisque ; il est froid, poli, de haute taille , et
très-négatif, tout comme le comte Granitkin ;
vous croirez être en face de lui, tant la ressemblance est parfaite. Votre harangue termi-
née, vons êtes bien sûr que l'obélisque ne dira
rien, tandis que M. Granitkin répliquerait par
un refus prononcé, d'un air dédaigneux, comme
un homme qui prend en pitié l'extravagance de
vos désirs ; je ne réponds pas même qu'il ne
vous dise un de ces mots blessans qui sont pires
que le refus ; ainsi vous ne pouvez que gagner
au change. — Vous plaisantez ? — Pas du tout :
vous tenez à présenter votre demande ; vous la
présenterez, et vous éviterez une humiliation,
c'est donc un bénéfice tout clair. »

M. Kourloff se mit à rire, et le résultat de
cette rencontre fut qu'il ne sollicita ni M. Granitkin, ni l'obélisque.

Hier, à un grand dîner, je me trouvai placé
près d'un vieux et riche Arménien que je
connaissais de réputation comme homme d'un
grand sens et fort instruit ; il vient de visiter les
premières capitales de l'Europe ; je trouvai piquant d'étudier les impressions que rapportait

de ses courses un asiatique, étranger à toutes
nos querelles, et n'ayant d'opinion que sa raison
aidée d'une parfaite droiture de jugement. Nous
parlâmes d'abord de Paris, des événemens pré-
sens; mais en sortant de table, guidés par l'attrait de la conversation, nous nous retirâmes
dans un coin du jardin, et de propos en propos
nous remontâmes aux premiers tems de notre
révolution. Je fais grâce à mes lecteurs d'une
foule de remarques très-justes, mais je veux
leur donner l'énumération des contrastes que
me signala mon Arménien : « Tel que vous me
voyez, me dit M. P***, je suis un patriote
de 89. Fils d'une Française, et amoureux de la
France, je pris le plus vif intérêt à tout ce qui
se passait chez vous ; mon correspondant de
Smyrne m'adressait assez exactement des pa-
quets de journaux; j'avais la bonhomie de lire
tout cela, et de plus, la bêtise de croire à toutes
les belles promesses dont on vous leurrait; j'i-
maginais qu'un torrent de félicités allait fondre
sur vous, et je pensais déjà à m'établir dans
votre patrie, lorsque les résultats vinrent dissiper mon rêve et me faire rougir de ma cré-
dulité. Ah! c'est une terrible menteuse que vo-

tre révolution ; elle fit très - exactement tout
le contraire de ce qu'elle promettait ; elle avait
dit aux Français : vous paierez moins d'im-
pôts , et vous donnez annuellement un mil-
liard , c'est tout juste le double de ce qu'on
payait avant elle. On fit la révolution pour ren-
verser la Bastille, et cent prisons d'état s'éle-
vèrent sur ses ruines ; pour établir un sentiment
de fraternité entre les hommes, et on s'est
guillotiné, noyé, déporté, exilé et ruiné ; pour
honorer le commerce, et les plus honnêtes négocians portèrent leurs têtes sur l'échafaud ;
pour relever le bas clergé , aux dépens des
évêques , archevêques et prieurs opulens , et
vos bons curés de campagne furent ou égorgés
ou persécutés, ou chassés, et vos presbytères
tombèrent en ruines ; pour soulager les indigens,
et les biens des hôpitaux furent vendus. La
révolution avait proclamé fastueusement qu'on
renonçait à tout esprit de conquête, et jamais
depuis l'origine de la monarchie, vous ne vous
montrâtes plus conquérans ; vous avez visité
militairement Berlin , Vienne, Moscou, Ma-
drid, Lisbonne, Amsterdam, Varsovie, Naples,
et Rome est devenu un département français ; elle

avait décrété qu'il n'y aurait plus de noblesse,
et vous en avez deux ; elle abolit les croix et les
cordons, et vous êtes presque tous *rubannés* ;
elle jura l'anéantissement du despotisme, et
le lendemain du serment elle s'inclina avec respect devant un maître absolu ; elle voulut
anéantir les rois pour républicaniser le monde,
et l'Europe vous doit trois rois de plus et trois
républiques de moins ; elle prétendit détruire
l'odieux des milices, et pendant douze ans la
conscription fut un arrêt de mort pour tout
Français atteint et convaincu d'avoir vingt ans ;
elle eut la prétention de niveler les fortunes, et
vous avez des richards qui possèdent au delà de
trente millions ; elle disait : que les mers soient
libres, et le commerce maritime florissant, et
vos vaisseaux pourrirent pendant vingt ans dans
vos ports ; enfin, elle déclara vouloir rétablir
les bonnes mœurs, rappeler les vertus antiques,
et vos hameaux furent peuplés de filles-mères,
et vos palais de justice retentirent de parri-
cides, de fratricides, de meurtres commis, non
plus dans les forêts comme autrefois, mais au
sein des familles, pour activer les héritages.
Quel enchaînement de déceptions et de mécomp-

tes! N'ai-je pas raison de dire que votre révolution fut une menteuse? Quant à moi, j'aimerais mieux vivre sous le sceptre de vingt sultans, que d'être la dupe de vos jongleurs politiques; ils sont gens à recommencer, en vous disant qu'on s'y est mal pris. C'est tout simple, chacun d'eux voudrait encore une révolution à son profit. » Tel fut le discours de mon Arménien, qui partit sans me laisser le tems de la réplique. Après la sortie de la plupart des convives, la société se forma en comité secret, et je fis un appel à la mémoire prodigieuse du prince Jean, dont le vaste répertoire d'anecdotes ne s'épuise pas facilement.

« Autrefois, l'esprit se parlait, nous dit le prince, il s'écrit maintenant; ce qui coupe les vivres à la conversation. On est devenu fort amoureux des anecdotes; la presse les exploite toutes, et leur publication met à bas le métier de conteur. On serait tenté souvent de dire à celui qui s'y hasarde encore : « Pour celle-là, Monsieur, je vous arrête, je l'ai lue ce matin en prenant mon chocolat. » Toutefois les deux anecdotes que je vais vous raconter ont très-certainement échappé aux faiseurs des Mé-

moires qui encombrent les cabinets de lecture.

La reine de ****** fut une des femmes les
plus distinguées de ce siècle; la mort frappa
dans la fleur de l'âge cette auguste victime.
Elle avait été élevée par la comtesse L........,
femme d'un vrai mérite, et portant dans ses
nobles fonctions de gouvernante ce caractère de
fermeté et de justice si nécessaire dans toutes
les éducations, mais plus indispensable encore
lorsqu'elle s'adresse aux élèves que menace le
rang suprême. Un jour, la jeune grande-du-
chesse, n'ayant encore que douze ans, se permit
de plaisanter un vieux émigré, dont le costume
lui parut bizarre : la comtesse L*** fit aussitôt
sortir du salon son élève, et, le lendemain, lui
adressant une sévère admonition, elle sut lui
prouver que rien n'est plus respectable que la
vieillesse, et que la moquerie chez les princes
est une cruauté. Cette leçon se grava dans l'esprit de la jeune personne, qui depuis respecta
toujours ce genre de bienséance.

Mariée en Allemagne, et séparée d'une
famille qu'elle adorait, elle ne fut point exempte
des chagrins qui s'attachent à toutes les des-

tinées; mais elle les conjura souvent avec un
mélange de dignité et de grâce dont le charme
était irrésistible. Le roi n'avait pas tout-à-fait
renoncé à d'anciennes relations; un jour, la
reine fut avertie par le comte G***, ministre à
cette cour, que le roi avait donné un rendez-
vous dans le parc près de la Ménagerie. Aussitôt la reine fait inviter les plus aimables et les
plus jolies femmes de la cour à venir passer la
soirée au château; elles s'y rendirent toutes;
la reine fait prier le roi d'assister à cette soirée; il s'excuse sous le prétexte d'un grand
mal de tête; la reine se rend elle-même chez
son mari, elle le trouve prenant du thé, elle le
conjure de lui accorder quelques instans. « Venez, lui dit-elle, mon thé est tout aussi bon
que le vôtre, je ne vous demande que de prendre la seconde tasse chez moi; après vous serez
libre. » Le roi suivit sa femme; la réunion était
charmante; la conversation très-animée; la
reine répandit sur cette soirée tant de grâce et
d'enjouement, que le malade oublia complète-
ment et le parc et la ménagerie; on ne se
sépara que fort tard, ou plutôt, les augustes
époux ne se séparèrent point. Mais, comme le

rendez-vous n'avait pas été contremandé, la
dame se morfondit pendant deux heures sous
les ombrages, il en résulta un rhume et beaucoup d'humeur.

Voilà une charmante façon d'être jalousé ;
si toutes les femmes, qui ne sont pas reines,
adoptaient cette gracieuse méthode, on verrait
beaucoup moins de maris persister dans leurs
rendez-vous.

Le sthatouder, père du roi actuel des Pays-
Bas, était fort soumis à ses habitudes, et donnait l'exemple d'une parfaite exactitude dans
les usages de cour. Alors on dînait à deux heures. Un jour, cette heure sonne et le sthatouder
ne paraît point, ce retard était tout-à-fait inusité ;
on savait que depuis deux heures il était enfermé
avec un de ses ministres. Les invités et la famille
attendirent vainement jusqu'à quatre heures ; la
princesse envoya un chambellan ; il revient en
disant qu'il a piqué doucement à la porte du cabinet, mais qu'on ne lui a pas répondu ; la princesse
alarmée se rend seule chez le sthatouder, ouvre
la porte avec précaution, et trouve son époux,
dormant profondément en face du ministre qui
dormait aussi. Elle réveille ce dernier ; il s'ex-

cuse en disant que son maître ayant cédé au
sommeil, il avait résisté long-tems, mais qu'enfin le silence et l'immobilité..... Pendant ce
colloque, le sthatouder se réveille, chacun re-
prend sa gravité, et on se rend au salon, bien entendu qu'il ne fut rien dit du motif de ce retard.
Le soir, les plus fortes têtes de la cour et de la
ville se donnèrent carrière sur la prolongation
du travail entre le souverain et son ministre; on
s'épuisa en conjectures, et tous les diplomates
étrangers ne manquèrent pas de signaler à leur
cour un dérangement d'habitudes aussi étrange
et qui donnait beaucoup à penser.

Cette dernière anecdote, dis-je alors au prince,
m'en rappelle une autre qui prouve aussi à quel
point le commun des mortels se trompe souvent
dans son opinion sur les grands rouages qui le
font mouvoir.

« En 1809, à Paris, un de mes amis, qui
avait rendez-vous chez le duc......., ministre,
se présente à l'huissier qui va l'annoncer; cet
huissier ne revenant plus, le patient entre dans
une longue galerie, et en avançant, il entend le
bruit de plusieurs voix; l'une d'elles prononça

très - distinctement ces mots : « Admirable ,
Monseigneur, c'est un coup inoui dans les an-
nales du billard ; je ne l'ai jamais vu faire ;
votre Excellence nous pulvérise. » Aussitôt mon
homme regagne sa première place, l'huissier
rentre par une autre porte, et lui dit : « Monsieur, Monseigneur est au désespoir, il se rappelle bien qu'il vous donna rendez-vous , mais
un travail important le retient, il va se rendre
chez l'empereur qui n'attend que lui pour ex-
pédier plusieurs courriers ; Monseigneur vous
prie de revenir après-demain vers les quatre
heures. — Va donc pour après-demain, dit ce
Monsieur; mais je crois qu'il y aura de terribles
caramboles dans le travail de Monseigneur. »
L'huissier baissa la tête en souriant.

Le soir, en rentrant chez moi, on me remit
mes lettres de France ; j'en trouvai une qui ne
contenait que des détails de société; je transcris
ici un article assez amusant sur le désappoin-
tement qu'éprouvent les voyageurs quand ils
rentrent en France.

« Voyagez et observez pour vous , mon cher
ami, me disait-on , pour moi, pour quelques

intimes ; mais que la société ne soit point le but
de vos explorations, car elle est excessivement
blasée.

» L'autre jour on présenta chez Mme de Volnac notre cher Alphonse, qui arrive de Russie.
De Russie ? dirent plusieurs personnes, et l'attention s'est portée sur Alphonse, il a même été
entouré, et on lui a fait vingt questions à la
fois : il est en fonds et s'exprime avec grâce ; il
a beaucoup vu et bien vu ; il espéra intéresser
le cercle par un sujet plus grave que les trot-
toirs et les clochers dorés, mais il se trompait,
on ne voulait rien de sérieux. Au bout de trois
minutes *un beau* du salon, un affidé du bois
de Boulogne, coupe sa phrase en deux par ces
mots : « Dites-nous donc, mon cher (et vous
savez comme on prononce *ce mon cher*), est-il
vrai que là-bas, les calèches de voyage soient
attelées de six chevaux de front ? c'est le beau
antique, ma parole, je donnerais beaucoup pour
voir cela. » Dès ce moment l'attention s'éva-
pora, et on parla de tous les attelages du monde,
depuis les jeux olympiques jusqu'au dernier
Longchamp. Voilà notre jeune voyageur rejeté
dans l'ombre, et aussi parfaitement oublié que

s'il arrivait de Pontoise ou de Clamart. Après
cela, faites des millions de lieues, allez à Pékin
ou à Tombouctou, pour attirer ensuite l'intérêt
et la curiosité des Parisiens, vous serez bien
reçu.

» Déjà Fontenelle disait au milieu du dernier
siècle qu'on ne savait plus écouter; que di-
rait-il donc aujourd'hui, ce multiplicateur des
mondes?

» Rien de plus commun que ces escamoteurs
de conversations; un savant, échappé miracu-
leusement au tremblement de terre d'Alep,
pouvait raisonnablement croire que sa relation
produirait de l'effet dans un petit cercle de
douze à quinze personnes. « J'étais couché,
nous dit-il, et profondément endormi, lorsque
je fus éveillé par un bruit sourd qui..... — Pardon si je vous interromps, Monsieur, reprit un
bavard de profession, mais le tremblement de
Messine s'est annoncé au contraire par un grand
bruit, la relation de ce désastre que je lisais
précisément hier me fait croire..... — Et moi,
Monsieur, dit le voisin, je n'ai pas eu l'honneur
d'assister à celui de Lisbonne, puisque je suis
du 22 juin 1764, mais...•» Une dame inter-

rompt l'orateur pour s'extasier sur la belle
poësie inspirée à Voltaire par cette catastrophe. — Quel dommage, dit sa sœur, qu'il
ne l'ait pas mise en tragédie. » Il ne fut plus
question d'Alep, et l'étranger confondu disait à
son voisin : « Je vois, Monsieur, que dans votre
ville, rien ne sert d'assister à un tremblement
de terre; il faudrait sans doute avoir navigué
dans l'Arche, entre Noé et sa femme, pour
produire quelque effet dans les salons de
Paris. »

La lettre de mon ami ne me décourage point,
je continuerai le cours de mes observations; lorsque je serai de retour à Paris, il est probable
que j'éprouverai le sort de l'habitant d Alep;
alors j'irai confier mes amertumes à M. Pillet
aîné, mon libraire, et si, grâce à ses soins, j'ai
le bonheur d'être lu, je me consolerai de n'avoir
pas été écouté.

LE PAPE PIE VII.

—

Service funèbre du souverain pontife, ralliement de
plusieurs sectes autour du cercueil. — Anecdote romaine. — Pauvreté de Pie VII. — *Fac-simile* d'une
lettre de Napoléon à la princesse Pauline, sa sœur.
— Autre lettre du même à la même.

Depuis neuf jours, la rue de la Perspective
peut se nommer la rue du Pape; Pétersbourg
est une ville toute catholique, il n'y a plus ni
luthériens, ni calvinistes, ni Grecs schismati-
ques, ni quakers, ni juifs! toutes les religions
se confondent dans une seule; tous les sentimens
dans un sentiment unique! Quel prodige peut
amener un ensemble si rare en matière de religion? La mort d'un homme; mais cet homme
c'est Pie VII, c'est un juste, c'est un sage,
c'est le pontife persécuté dont la douceur aurait
pu fléchir celui que rien ne fléchissait.

L'église catholique de cette ville est desservie
par des pères dominicains ; pendant neuf jours
le temple a porté les livrées de la mort, pendant neuf jours tous les chrétiens ont prié
pour celui qui durant sa vie pria si souvent pour
les fidèles.

La cérémonie des honneurs funèbres fut noble
et imposante ; l'empereur voulut concourir à sa
solennité en lui prêtant les célestes accords de
ses chantres. Ce tribut spontané d'un grand
souverain à l'évêque de l'univers, est peut-être
sans exemple depuis la séparation des cultes
grecs et latins.

Les ambassadeurs, les ministres étrangers,
plusieurs grands officiers de la cour de Russie,
des conseillers d'état, des officiers aux gardes,
les principaux membres des colonies allemande,
française, anglaise, polonaise et italienne assistaient au service ; l'église, quoique vaste,
ne pouvait suffire à l'immensité de la foule et à
l'empressement religieux de tous les habitans
de cette capitale. Étonné de survivre à son chef
suprême, l'archevêque métropolitain de Mohileff (1), vieillard de quatre-vingt-douze ans,

(1) Monseigneur Streutchevitch , archevêque de

officia entouré de ses grands vicaires et de
MM. les chanoines. Jamais je ne vis plus de
recueillement et plus de respect dans une cérémonie ecclésiastique!!! L'émotion des cœurs se
réfléchissait sur tous les visages, chacun semblait pénétré de la perte que venait de faire le
monde chrétien. Au sortir de l'église, un bon
luthérien allemand me disait : « Je suis ému,
attendri ; je regrette de ne pouvoir dire : c'est le
chef de mon culte que je pleure, c'est lui pour
lequel je viens de prier. »

Les Grecs unis célébrèrent un service dans
la même église ; leur métropolitain fut assisté

Mohileff, avait embrassé dans sa jeunesse la carrière
des armes. Aux approches de l'âge mûr, il se voua au
sacerdoce et à l'étude des belles-lettres ; après une maladie très-grave qui fit désespérer de sa vie, il renonça
pour jamais à l'usage des viandes. Ce régime lui réussit,
car il a quatre-vingt-treize ans. Il a publié divers ouvrages. Souvent on lui entendait dire avec beaucoup
d'assurance : « Dans quatre ans, je donnerai une seconde édition de ***. » On souriait, et, à l'expiration
des quatre ans, il vivait et publiait l'édition ; peut-être
est-il arrivé que quelques-uns des rieurs soient morts
avant l'expiration de l'engagement qu'avait pris le vieux
archevêque. On trouve souvent à faire l'application de
l'octogénaire qui plantait.

des pères dominicains, ce qui ne s'était jamais
vu. Ce chef spirituel des Grecs unis est un
homme respectable et très-instruit, qui a fait ses
études à Rome.

Quel hommage mémorable que ce rapproche-
ment de toutes les sectes chrétiennes près du
cercueil du souverain pontife, dont les accens
solennels *urbi* et *orbi* pénétrèrent jusqu'aux extrémités de l'univers.

Pendant quelques jours, on parla beaucoup
de l'auguste cérémonie, et on raconta plusieurs
traits de la vie de Pie VII. Je n'en citerai qu'un
seul, il donne une juste idée de la simplicité
évangélique du saint père.

En 1803, ma femme était à Rome; un marchand de cette ville, lui ayant vendu quelques
bijoux, lui raconta une anecdote dans laquelle
il jouait un rôle actif.

« Je suis père d'une nombreuse famille; depuis plusieurs années mon commerce prospérait,
lorsqu'un vol nocturne vint ébranler mon crédit
et me réduire aux dernières extrémités; je demandai du tems à mes créanciers; mais l'un
d'eux, plus cruel que les autres, menaçait de
me faire traîner en prison pour une dette de

5o piastres, et il m'accordait un si court délai
qu'il me fut impossible de trouver cette somme.
Réduit au désespoir, j'eus l'inspiration d'aller
me jeter aux pieds de notre souverain et de lui
dire mes malheurs. Le saint père m'écouta, et
me répondit : « Je vais faire mon possible pour
vous tirer d'embarras ; venez avec moi, si je
possède 5o piastres, elles sont à vous. » Je
suivis sa sainteté jusque dans son cabinet, elle
appela un majordome, il ouvrit le secrétaire ;
après avoir cherché dans tous les tiroirs, notre
souverain ne put réunir que 3o piastres ; plus
désolé que moi, il me les donna en me disant :
« Je suis fâché, mon cher fils, de ne pouvoir
mieux faire ; portez cette somme à votre créancier ; je m'engage à fournir les 2o autres piastres, dès qu'il me rentrera quelque argent,
vous pouvez le dire avec assurance ; j'espère
qu'on acceptera ma caution. »

» Je sortis du palais, les yeux baignés de
larmes d'attendrissement et de reconnaissance.
Cet à-compte désarma mon créancier, et huit
jours après, je reçus la somme qui devait solder
ma créance. Mais mon bienfaiteur ne s'en tint
pas là ; ayant fait prendre des informations sur

ma conduite et la triste position de ma famille ,
il m'envoya 100 autres piastres. Notre divin
Sauveur voulut bénir celui qu'un ange avait
soutenu ; de ce moment tout me réussit, mes
affaires prospèrent , j'élève ma famille , et chaque
soir nous appelons les bénédictions du Seigneur
sur son digne représentant. »

Le récit de ce brave marchand vaut tout un
éloge funèbre ; voilà la pauvreté du chef de la
chrétienté prise sur le fait ; le successeur de
Léon X et de Clément XIV n'a pas en propriété 250 fr. Ses trésors sont sa bonté , sa charité et sa résignation.

Le *fac-simile* qu'on va lire est un hommage
rendu par Napoléon, aux vertus du pape (1).

(1) M. de Standal, dans un nouvel ouvrage qu'il
vient de publier sous le nom de *Promenades dans
Rome*, s'exprime sur les papes qui régnèrent, depuis le
commencement du dix-huitième siècle jusqu'à nos
jours, dans les termes suivans :

« . . . . Les papes qui ont régné de-
» puis 1700 ont été des hommes de mérite. Aucun
» état d'Europe ne peut présenter une liste semblable
» pour ces cent vingt-neuf ans ! On ne saurait trop
» louer les bonnes intentions , la modération, la raison
» et même les talens qui ont paru sur le trône pontifical
» pendant cette époque. »

Bonaparte adressait cette lettre à sa sœur, la princesse Pauline Borghèse; on y verra que le saint pontife, lors des persécutions qu'il subit plus tard, pouvait appeler de l'empereur au premier consul.

La lettre que nous transcrivons ci-dessous est également en entier de la main de Bonaparte; nous ne donnons point le *fac-simile*, parce qu'elle semble à peu près une répétition de la première; elle fut écrite six mois après, et adressée à Rome.

« Paris, le 16 germinal.

» Madame et chère sœur,

» J'ai appris avec peine que vous n'aviez pas
» le bon esprit de vous conformer aux mœurs
» et habitudes de la ville de Rome; que vous
» montriez du mépris aux habitans, et que sans
» cesse vous aviez les yeux sur Paris. Quoique
» occupé de grandes affaires, j'ai cependant
» voulu vous faire connaître mes intentions,
» espérant que vous vous y conformerez.

» Aimez votre mari et sa famille; soyez pré-
» venante, accommodez-vous des mœurs de la

(Lettre de Bonaparte à la Princesse Borghèse.)

» ville de Rome, et mettez-vous bien dans la tête,
» *si à l'âge que vous avez*, vous vous laissez aller
» à de mauvais conseils, vous ne pourriez plus
» compter sur moi. *Quand* à Paris, vous pouvez
» être certaine que vous n'y trouverez aucun
» *apuis* et que jamais je ne vous y recevrai
» qu'avec votre mari. Si vous vous brouillez avec
» lui, la faute serait à vous, et alors la France
» vous serait *interditte*, vous *perderiez* votre
» bonheur et mon amitié (1).

    « Je vous sa—t,

                 » BONAPARTE. »

(1) L'orthographe est textuellement conservée dans l'impression de cette lettre comme dans celle du *facsimile*. Les originaux sont dans les mains de M. Pillet aîné, éditeur de cet ouvrage.

— N° XLVI. —

AVIS

AUX VOYAGEURS EN RUSSIE.

Progrès des Russes dans l'industrie agricole et manu-
facturière. — Moins de chances qu'autrefois pour les
colons français. — Peu d'union dans la colonie. —
Opinion de Frédéric-le-Grand sur les Français ex-
patriés.

JE crois avoir dit que les deux colonies françaises de Pétersbourg et de Moscou s'élèvent à
sept ou huit mille individus; ce nombre ne
semble pas devoir s'augmenter, je pense même
avec beaucoup de gens que, s'il éprouve des
variations, ce sera en décroissance. Pourquoi?
c'est que chaque année, les Russes deviennent
mieux avisés et plus industrieux; à la dernière
foire de Nijni, la poterie et les cristaux ne se
vendirent point, faute de pouvoir soutenir la
concurrence des mêmes marchandises fabriquées

en Russie. Les manufactures de draps s'élèvent
de toute part; celle de M. le comte Kamaroffsky, établie à Saint-Pétersbourg, offre déjà
une perfection qui fera mettre moins de prix au
draps de Louviers et d'Elbeuf. La fabrique de
porcelaine appartenant à la couronne fait d'immenses progrès; celle des glaces ne marche pas
si vite, mais elle crée des ouvriers, et ces deux
branches d'industrie prospéreront rapidement
lorsqu'elles passeront dans les mains plus habiles
et plus actives de la spéculation. Les provinces
méridionales s'enrichissent d'une immense quantité de vignobles; l'art des plantations et de la
culture de la vigne se propage beaucoup, et
l'époque n'est peut-être pas éloignée où des
améliorations sensibles dans la qualité de ces
vins nuiront au débit des vins de France; déjà
nos voyageurs bourguignons se plaignent de la
langueur des affaires; il en est de même d'un
grand nombre de marchandises qu'il serait trop
long d'énumérer. D'autre part, la Russie tend
à enrichir son commerce par plus de développe-
pement dans le produit de ses mines; l'Europe
est déjà tributaire de ce pays pour une énorme
quantité de cuivre brut; dans plusieurs contrées,

et même dans quelques-unes de nos villes ma-
ritimes sur l'Océan, on prend le goût du cuivre
façonné pour les toitures de maisons; le cuivre
est incomparablement préférable aux couver-
tures en tuiles et même en ardoises qui écrasent
nos toits, se détériorent et entraînent les propriétaires dans des frais continuels, depuis surtout que la cupidité altéra l'un et l'autre comme
elle altère généralement tous les objets d'industrie. Le cuivre a le double avantage de la
légèreté et de la solidité; ici il est très-rare
qu'on voie des ouvriers s'occuper de la répara-
tion des toitures.

Ces notions, fort insuffisantes si on voulait
traiter la question générale de l'état commer-
cial et industriel en Russie, serviront du moins
à prémunir les spéculateurs trop légers contre
de perfides illusions. J'ai vu dans ce genre des
catastrophes qui réagissaient douloureusement
sur les capitalistes crédules et prodigues de leur
confiance. On ne saurait trop le dire, il faut se
garder de ces expéditions lointaines faites sur la
foi de quelques brillans souvenirs; le tems est
passé où les étrangers exploitaient ce pays avec
d'immenses avantages; ce n'est plus une terre

d'Eldorado. Combien n'ai-je pas vu de gens, porter ici leur dernière planche de salut, vendre à bas prix ces marchandises, dissiper en peu de tems un mince capital, et recourir bientôt aux dons charitables que s'impose la colonie française pour soutenir leurs compatriotes malheureux! Dans tous les genres d'entreprises, que d'espérances, que d'illusions j'ai vu s'évanouir, et alors combien l'exil devient affreux! Que de douleur dans cette pensée : « Je suis à huit cents lieues de ma famille, je souffre, j'ai besoin de la pitié de tout le monde, et je n'ai pas même les moyens de rejoindre mon pays, et je laisserai mes cendres sur une terre étrangère! » Pour apprécier la Russie, pour jouir du charme que tant de gens lui contestent, il faut y venir avec un peu d'indépendance, surtout avec la certitude de pouvoir la quitter quand on voudra.

Plusieurs causes contribuèrent au changement que je signale; la concurrence des colonies allemande, anglaise et italienne, les pertes énormes que fit la noblesse lors de l'expédition de 1812, enfin l'accroissement des industries indigènes, tout doit imprimer une salutaire défiance aux gens qui voient encore ce pays à travers le prisme du règne de Pierre Ier et de Catherine II.

Ces réflexions s'adressent aux artistes comme aux négocians; le pinceau de Mme Lebrun valut à cette femme célèbre de la gloire et une ample moisson de roubles; moi, j'ai vu des peintres d'un talent très-distingué couvrir à peine les frais de leur séjour. Un célèbre sculpteur suédois, dont j'ai oublié le nom, quitta cette ville sans réussir à vendre une statue fort remarquable, et sans recevoir une seule commande. Quant à la vente de tableaux, il n'y faut plus penser, les Russes sont entièrement guéris de la maladie de ces collections.

Il reste plus de chances pour les jeunes gens qui peuvent se livrer à la carrière du préceptorat, bien que les émolumens aient subi une diminution sensible, comme nous le disons dans le chapitre des Gouverneurs. Il en existe encore pour les artistes qui se vouent à l'enseignement des langues, ou des arts. J'ai lu ces mots dans un voyage : « Les professeurs à cachets sont fort inexactement payés. » C'est une calomnie : les Russes regardent comme une dette sacrée tout ce qu'ils dépensent pour l'éducation de leurs enfans.

Mais c'est surtout aux hommes de lettres qu'il faut recommander de ne point céder à l'attrait de faire ce voyage dans l'espoir de corriger leur fortune en utilisant leur plume pour le théâtre, les journaux ou tout autre branche littéraire ; c'est en pure perte que des écrivains, quel que fût leur talent, compteraient sur le succès ; mieux vaudrait, pour eux, cultiver les lettres à Londres, à Bruxelles, à Hambourg, que dans les deux capitales russes. J'ai vu des auteurs retrouver à peine la moitié de leurs frais dans le misérable produit qu'ils retiraient d'un travail long et difficile. L'année passée, je me hâtai d'écrire à un jeune littérateur très-spirituel qui m'avait confié son projet de voyage sur les bords de la Néva :

« Mon cher ami, lui disais-je, si vous étiez
» bon cuisinier, pâtissier ou coiffeur à la mode,
» je vous dirais : « Venez, dans dix ans votre for-
» tune sera faite »; mais comme vous n'avez que
» beaucoup d'esprit, restez là-bas. A Paris, un
» vaudeville vous sera plus profitable que trois
» poëmes épiques en Russie (1). »

(1) Depuis mon retour en France, quelques écrivains sont venus me consulter sur les avantages d'un séjour

Et qu'on ne prenne point ceci pour un reproche que j'adresse aux Russes, rien n'oblige
à protéger ni à enrichir un écrivain étranger
qu'ils n'appelèrent point et qui écrit dans une
autre langue que la langue nationale. En cessant
d'être généreux et grands, ils n'ont fait que se
mettre en harmonie avec le reste de l'Europe ;
aussi, on peut remarquer que partout il est devenu gothique de dire : « Les grands seigneurs, »
il n'y en a plus. Des hommes ont encore 200,
3oo,ooo fr., voire même un million de rente,
mais ce million n'est guère consacré qu'aux profusions de la table ou à l'exclusive satisfaction
du luxe personnel. Parmi tous les opulens du
jour, il serait difficile d'en citer qui fassent annuellement une dépense de 1o,ooo fr. dans l'intérêt d'une solide gloire et d'une grandeur réelle.
Cependant, comme il faut toujours faire preuve
d'impartialité , disons que beaucoup de gens
n'ont pas tort de dédaigner les lettres ; généralement la littérature du jour est bien peu digne de

en Russie, je crois leur avoir rendu un vrai service en
les détournant de ce ridicule projet et en mettant sous
leurs yeux la carte du pays.

la munificence des rois et de la protection de leurs courtisans.

Maintenant, il me reste à faire un aveu toujours très-pénible pour l'amour-propre national ; une des grandes causes d'insuccès dans l'étranger pour un Français, c'est de rencontrer sur son chemin un Français : non-seulement il ne vous prêtera point son appui, mais il se mettra en travers de vos démarches, il affaiblira vos droits, et déjouera sourdement les espérances les mieux fondées. Si on a la simplicité de frapper à la porte d'un établissement de la couronne ou d'une maison puissante dans laquelle se trouve un Français accrédité, il vous répond des postes avancés : « Qui vive ?—Français.—Passez votre chemin. —Mais, Monsieur, j'ai l'honneur d'être votre compatriote. — Raison de plus, passez ; il y a assez d'un Français dans cette maison. »

J'ai vu plusieurs choses de ce genre ; les exceptions sont fort rares, et si ce système d'égoïsme et d'exclusion est adopté par des Français de bonne compagnie, on sent qu'il pèse de tout son poids sur les rangs inférieurs de la colonie ; les rivalités d'état provoquent les dénonciations, les noirceurs, les intrigues de

bas-étage. Le général Gorgoly(1), qui aime notre
nation, me disait : « Lorsqu'un Français est en
état de contravention, c'est toujours par un
Français que je l'apprends. » Calomnies, médi-
sances, lettres anonymes, chansons, tout est
mis en œuvre pour perdre un concurrent ou un
ennemi.

Frédéric écrivait à Voltaire : « Je ne sais par
quelle fatalité il arrive que jamais deux Français ne sont amis dans les pays étrangers ; des
millions se souffrent facilement les uns les autres
dans leur pays, tout change dès qu'ils fran-
chissent les Pyrénées, le Rhin ou les Alpes. »
Le malin vieillard aurait pu ajouter : et la mer
Baltique.

(1) Alors grand-maître de police à Saint-Pétersbourg.

— N° XLVII. —

TRAITS D'AVARICE.

Une grande dame dans son palais. — Un avare courant
la poste. — Sa triste mort. — L'oreiller du mori-
bond. — Parallèle de la bonté et de l'obligeance. —
Les Russes sont bons sans être obligeans. — Une
dame russe. Mort de son fils; sa douleur, son ardente charité.

Minuit sonnait à toutes les horloges, je me
promenais solitairement, tout était calme et silencieux; à de rares intervalles, la lune se dé-
gageait des nuages, et ses rayons tremblans se
brisaient sur les eaux. Arrivé devant la maison
de madame ....., mes regards s'arrêtèrent sur la
faible clarté de la pièce qu'elle occupe.

Elle est là, toujours là! me disais-je, voici
donc un être que le bonheur et les douces joies
ne visiteront jamais; immobile, dans un coin
de cet immense salon, cette femme n'a pour

unique délassement que quelques paroles lan-
guissantes, prononcées par deux demoiselles de
compagnie, douces victimes qui partagent son
isolement. Les jours, les mois, se succèdent
sans apporter le moindre changement à la monotonie dont est frappée sa riche demeure ; cette
assoupissante déesse y règne en souveraine ; si
une porte s'ouvre, si les gens annoncent quelqu'un, ce n'est point une figure joyeuse qui va
entrer, c'est un homme d'affaires chargé de son
registre, ou un intendant de l'une des nombreuses terres de madame .....

Combien doit être profonde cette plaie du
cœur qui nous rend indifférens à toute la nature,
qui nous isole du monde, et nous condamne à
la sécheresse de l'existence solitaire au sein
même d'une grande capitale!

Elle est bien faible l'ame qui se laisse ainsi
dominer par un penchant si misérable. Ce n'est
pas moi qui dévoile la cause d'une manière
d'être aussi étrange dans ce pays de profusions ;
les grandes passions prennent elles-mêmes le
soin de se trahir. Madame de ..... est avare,
elle s'immole à l'âpre fantaisie d'ajouter beaucoup à tout ce qu'elle possède, et ce qu'elle

possède ferait la richesse de plusieurs familles.
Sa folie est connue ; elle vit délaissée ; l'avarice,
portée à ce point, est comme la lèpre, elle
éloigne les parens, les amis, chacun passe indifféremment devant sa maison.

Jeune encore, et maîtresse d'elle-même, madame ..... appliqua tous ses soins au rétablissement d'une fortune dérangée ; sa conduite fut
parfaite, mais insensiblement à l'amour de l'ordre succéda une soif ardente d'amasser : souvent les femmes se plaisent dans les extrêmes.
Une bonne administration et une rare intelligence de parcimonie eurent bientôt doublé les
revenus. Loin de jouir doucement de son triomphe, comme le Pygmalion du *Télémaque*, elle
se prosterna devant son trésor, et se fit une
idole de ses roubles. Mais les idoles veulent des
victimes, elle leur immola son repos, son esprit, ses habitudes, et jusqu'à sa beauté, dernier sacrifice dont les femmes s'avisent.

Voulant excuser cette frénésie à ses yeux et
à ceux des autres, elle disait : « Je travaille
pour mes enfans, je les aime avec passion, je
veux assurer leur bonheur; laissez-moi parvenir
aux quatre cent mille roubles de rente, et vous

verrez si je sais me montrer honorable et bien-
faisante. » Elle y arriva, mais les vertus et le
bonheur furent ajournées jusqu'aux cinq cent
mille.

Ainsi, le terme qu'elle assigne à sa cupidité
recule devant le succès; sa passion dévorante
lui donne tous les genres de courage; elle résiste aux plaintes du malheur, et au respect des
convenances comme aux séductions du bien-
être; elle se refuse tout, même la visite du
médecin; son paiement serait une douleur plus
vive que les souffrances; elle foule aux pieds
l'amour-propre du costume, la vanité du rang,
les sarcasmes du monde et les reproches de son
cœur; elle met au nombre de ses délices toutes
ses privations. Sa fille a une existence brillante
dans la famille de son mari, son fils se distingue au
service, mais leur mère reste inconnue; personne
n'en parle et ne s'en occupe; beaucoup de gens
ignorent qu'elle soit vivante, on ne la rencontre
nulle part, elle ne hante ni la cour ni la ville.

Parmi les travaux qui rabaissent l'humanité,
madame....., née spirituelle, choisit le plus triste
et peut-être le plus humiliant; le hasard lui
donna des grâces, de la naissance, des riches-

ses, des enfans aussi tendres que respectueux :
son inconcevable folie empoisonne ces dons;
avec tous les élémens de bonheur je ne crois
pas qu'il y ait une femme plus parfaitement
misérable. Chez elle, les longues heures du
jour, celles plus longues encore de la nuit, se
perdent dans des combinaisons sans fin; tout ce
qui retarde sa marche, tout ce qui déjoue ses
calculs, la blesse mortellement, elle s'en afflige
comme d'une douleur irréparable; elle arron-
dira le chiffre désiré, mais cet heureux jour
n'aura point de lendemain, son supplice recom-
mencera; c'est la roue d'Ixion.

La dernière de ses esclaves, si elle lisait dans
l'âme de sa maîtresse, ne consentirait pas à lui
céder ses misères, en échange de l'or dont elle
fait son bourreau.

Pauvre insensée, si la mort te surprend sur
ce portefeuille gros d'avarice, qui donc versera
une larme sur ta tombe? Personne! pas même
tes enfans! L'avarice est une passion qui dénoue
les liens les plus sacrés, et absout jusqu'à l'in-
gratitude.

Un jour, quand le cortége funèbre arrêtera la
marche de l'étranger, s'il demande le nom de

celle qui rejoint sa dernière demeure, un indifférent répondra : « C'est le corps d'une grande
dame qu'on porte au monastère de Newsky. »

. Je viens de peindre une avare immobile au
fond de son hôtel; maintenant la scène change,
voici un avare en mouvement.

M. Alphonse, jeune Français, vient de me
faire la relation de son trajet de Paris à Moscou;
elle peut désabuser des compagnons de voyage
trouvés dans les *Petites-Affiches.* Peut-être quelques lecteurs n'ont-ils aucune idée d'un avare
courant la poste; le récit d'Alphonse va la leur
donner; c'est lui qui parle :

« M. Casséli (c'est un nom en l'air), âgé de
65 ans, apprend que son frère l'abbé vient de
mourir à Moscou, laissant une petite fortune de
cent vingt mille francs : il est l'unique héritier
de son frère; mais aussi méfiant qu'avare, il ne
s'en rapporte qu'à lui pour recueillir cette succession; il m'offre une place dans une vieille
voiture et nous partons.

» Aux approches du premier relai, il m'in-
vite à faire les paiemens; je m'excuse, en disant
que je calcule mal et que je donne toujours plus
que l'ordonnance : nous voilà à la poste, son

supplice commence. Figurez-vous un homme,
dépensant à peine quinze francs tous les huit
jours, obligé à toutes les heures de donner plusieurs pièces de cinq francs. Rien n'était plus
comique que la manière dont il les faisait filer
une à une ; on eût dit qu'en y mettant plus de
lenteur, il espérait en donner moins. Vers la fin
de chaque poste, sa figure s'assombrissait, ses
traits se contractaient, et ce n'est qu'en fré-
missant qu'il glissait la main dans le sac ; il
disputait avec chaleur des rompus de quelques
centimes. Le soir, je l'entendais prétexter un
malaise pour ne point souper, et, lorsque la faim
le forçait de manger, il demandait ce qui devait
coûter le moins.

» Enfin, nous touchons Berlin : « Monsieur,
lui dis-je, arrêtons-nous ici, je vous trouve
mauvais visage ; cette capitale partage à peu
près les distances ; prenons deux jours de repos,
vous en avez encore plus de besoin que moi,
ayez pitié de vous-même. » Impossible! M. Casséli craint qu'on ne dilapide ses fonds, et il a
horreur des auberges : nous remontons en voiture, et toujours cette pluie d'argent dont il
faut arroser la grande route ; deux sacs de mille

francs se sont fondus, déjà le troisième a reçu de graves atteintes, mon compagnon de voyage pèse ce sac, et je le vois prêt à pleurer : « Ah! Monsieur, s'écriait-il comme Cinéas en parlant des victoires de son maître, encore un héritage aussi lointain, et je vais mourir à l'hôpital. »

» Cette épreuve était au-dessus de ses forces; en arrivant il fut saisi d'une fièvre inflammatoire, et mourut au bout de trois jours; mais il périt les armes à la main, c'est-à-dire en feuilletant les papiers de la succession.

» On écrivit à son neveu : il héritait à la fois de son oncle l'abbé et de son oncle l'avare; il vint, mais il voyagea commodément, s'arrêtant dans toutes les villes, et mangeant comme quatre; il arriva à Moscou plein de force et de santé; c'est un gros réjoui; lorsque je lui transmis quelques détails sur la fin de M. Casséli, il me dit avec un air résigné : « Mon pauvre oncle a voulu courir jour et nuit malgré vos conseils, c'était une grande imprudence à son âge. »

Dernièrement, à la *conversation* de la princesse Sophie (pour me servir d'une expression italienne), l'avarice était sur le tapis; quelqu'un, revenant de Moscou, nous cita le trait suivant.

« Un vieux célibataire français, qui avait gagné quelque argent, passait pour très-avare ; la veille de sa mort il dit à ses parens : « Mes enfans, en reconnaissance du peu que je vous laisse, promettez-moi de me faire enterrer avec mon oreiller, c'est la seule grâce que je vous demande ; depuis deux mois il est le confident de mes douleurs, le témoin de mes cruelles insomnies ; c'est bizarre, mais je me suis attaché à ce meuble et je veux que ma tête reste posée sur lui. « Les héritiers s'engagèrent à respecter cette volonté. Le vieillard mourut ; au moment d'exécuter ses derniers ordres, quelqu'un, tenant l'oreiller, crut sentir un corps étranger à la plume, on se permit de l'ouvrir, et l'on trouva pour trente mille roubles de billets de banque ; cette somme fut regardée comme de bonne prise, et le coussin, beaucoup plus léger, suivit sa destination. »

De quoi ne s'avisent pas les passions ! rien de plus varié que les bizarreries de l'avarice ; ce Français s'imaginait sans doute que les billets de la banque russe avaient cours dans l'autre monde.

L'avarice est un des travers les moins communs
en Russie, car elle a trois grands ennemis qu'il
lui serait difficile de vaincre : l'hospitalité, la
charité et la bonté. Mais si généralement les
Russes sont bons, on peut dire, sans injustice,
qu'ils sont peu obligeans ; c'est chez eux surtout
qu'on peut saisir la nuance qui distingue ces deux
sentimens, nuance moins légère qu'on ne pense.
La bonté se manifeste par un mouvement subit
de l'ame, elle accorde sur-le-champ tout ce
qu'elle peut accorder ; l'obligeance veut des
soins soutenus ; l'une fait le bien par entraîne-
ment, l'autre avec réflexion ; elle a besoin
d'auxiliaires, il lui faut la mémoire, l'activité
d'esprit et de corps. On dit du marquis **** :
« C'est un homme bon, généreux, il n'a rien
à lui. » On dit de notre duc de Brissac : « C'est
un homme obligeant, aimant à rendre service,
et toujours occupé des autres ; c'est un de ces
nobles cœurs qui ne se reposent jamais. » Ouvrir
sa bourse aux malheureux et son portefeuille à
un ami, c'est avoir de la bonté ; protéger ceux
qu'on estime, les encourager, les appuyer près
des ministres, les assister dans une affaire difficile, tels sont les devoirs de la véritable obli-

geance; on ne peut être obligeant sans être
bon, mais la bonté peut exister sans aucune
obligeance. Tel est précisément le caractère
russe; rendre service, suppose une complication
de soins qui répugne à leur organisation; ils le
voudraient, ils s'y engagent, mais la tête oublie
les promesses du cœur, et leur légèreté, leur
nonchalance naturelle se joint aux infidélités de
la mémoire. Une réflexion m'arrête: sont-ce les
Russes seulement que je viens de peindre? ne
connaissons-nous pas bon nombre de nos compatriotes qui s'engagent à vous rendre un service au soleil levant, et qui dorment la grasse
matinée?

Mais reposons-nous des remarques générales
dans de brillantes exceptions; la Russie possède aussi les siennes. Mme **** (on m'a défendu
de retenir son nom) va m'offrir un modèle que
le cœur humain ne saurait dépasser. Elle avait
un fils qu'elle adorait; il était à l'armée. Un
jour, le valet de chambre, qui ne le quittait
jamais, se présenta seul devant la mère; son
visage se couvrit de larmes, c'était parler.
Mme **** resta immobile, anéantie, la mort
ne fait pas mieux. Cette crise dura cinq heures;

elle n'en sortit que pour monter en voiture ; elle
se fait conduire au monastère de Newsky, demande des prières pour son fils, s'abîme devant
Dieu, et trouve aux pieds du sanctuaire les
larmes qui devaient la sauver. Elle part ensuite
pour une de ses terres, à cent werstes de Moscou. Là, elle pose la première pierre de l'église
qu'elle consacre à la mémoire de son fils. Le
monument s'élève avec rapidité, on y dépose
le corps de l'unique enfant, et sur cette tombe
qui la sépare de tout ce qu'elle chérissait, la
mère prononce le serment que ses biens et ceux
de son fils seront désormais le patrimoine du
pauvre.

Malgré son amour de la solitude, elle veut
encore habiter les grandes villes comme séjour
des grandes douleurs ; sa charité sans bornes,
secondée d'une grande fortune, a besoin d'un plus
grand théâtre que l'habitation des champs ; là,
sa bienfaisance plane comme un génie tutélaire
sur les misères de tous les âges et de tous les
rangs ; rechercher le pauvre, le nourrir, le
vêtir n'est point assez pour elle ; souvent exté-
nuée, mourante, elle passe les nuits au chevet
d'une amie moins malade qu'elle.

Un jour, un officier supérieur de l'armée lui
confie ses craintes sur l'issue d'un procès qui
peut le ruiner, et que son absence l'empêchera
de suivre. Aussitôt elle s'entoure de toutes les
pièces de cette affaire vieillie dans les redoutables cartons de la justice! elle débrouille ce
chaos : elle va, vient, consulte, elle pâlit sur des
titres vermoulus ; les difficultés, la chicane irri-
tent son courage ; elle veut défendre la cause
du guerrier qui défend la patrie ; elle finit par
porter l'affaire au sénat, et bientôt l'officier
plaidant lit, à la lueur des feux du bivouac, la
lettre qui lui apprend le gain de son procès.

Je me sens moi-même saisi d'émotion en faisant ce portrait trop faiblement tracé pour
donner la mesure d'un si beau caractère (1). Mais
qu'importe au modèle le talent du peintre? Si
Mme de *** lisait ces pages, sa touchante simplicité en souffrirait : elle est sublime comme
on est bon, sans y penser!

(1) On dit de cette dame : « Elle se refuse tout pour
ne rien refuser aux autres. » Quel éloge!! Ces intéressans détails m'ont été communiqués par madame la
princesse Serge Galitzin, dont l'ame élevée comprend
si bien toutes les actions généreuses.

UN DINER SUR LES BORDS DU GOLFE.

Habitation de madame Narischkin sur la route de Péterhoff.—Diner dans le jardin. — Opinion d'un gastronome sur les cuisiniers et les cuisinières.—Retour
à Pétersbourg. — Luxe des fleurs. — Hospitalité dans
les jardins. — Mort de madame Narischkin.

Les Russes ne veulent pas que les plaisirs qu'ils
vous offrent deviennent une affaire ; si vous
n'avez point de voiture, ils vous épargnent le soin
d'en chercher en vous envoyant une des leurs.
C'est ce que fit pour nous Mme Narischkin ,
femme du grand chambellan , qui possède une
magnifique habitation à treize werstes de Pétersbourg , sur la route de Péterhoff.

Ma pendule sonnait midi, lorsqu'une calèche
attelée de quatre chevaux de front s'arrêta à ma
porte ; nous fîmes le voyage avec le docteur
Smith , médecin attaché à Mme Narischkin ,

homme de mérite, modeste et très-instruit. Nos quatre coursiers, plus vites que le vent, nous entraînaient comme s'ils eussent dû remporter le prix de la course ; nous parcourûmes une distance de trois lieues en moins d'une heure.

Une belle maison entourée de fleurs, d'arbustes, de pelouses, de canaux et de bassins se dessinait à mi-coteau ; nous parcourons une longue avenue, et nous voilà bientôt dans le salon de Mme Narischkin, femme aussi spirituelle que bienveillante, surtout pour ceux qui lui plaisent. Nous examinâmes avec beaucoup d'intérêt tous les tableaux et les objets d'art qui décorent sa riche demeure ; mais le lecteur me saura gré de lui épargner cette description, et de le conduire brusquement à un belvédère situé au haut de la maison, d'où l'on découvre un tableau ravissant. Après le premier instant de surprise, je m'aidai d'un énorme télescope sorti des ateliers du célèbre M. Chevalier, opticien. Je vis Cronstadt et ses imposantes fortifications, la flotte impériale, la flotte marchande et ses milliers de mâts aussi distinctement que les objets les plus rapprochés. A une distance de quatre lieues, j'apercevais le

mouvement des lèvres d'un officier de marine,
donnant des ordres sur son bâtiment ; gagné par
le prestige, je me penchais pour écouter la réponse des matelots. A l'extrémité de l'horizon,
à droite, et toujours dirigeant le tube sur la surface des eaux, je pouvais me croire encore à Pétersbourg, au milieu de ses deux cents clochers
d'or et d'argent et de cette forêt d'arbres et de
voiles blanches qui surgissent de la Néva. Le
majestueux bassin que forme le golfe aux pieds
des rians coteaux de Péterhoff, prête à cette vue
un charme qu'il est impossible de rendre. Lorsque, fatigué des tableaux lointains, je quittais le
télescope pour regarder autour de moi, mes
yeux se reposaient sur des millions de fleurs,
sur des lacs couverts de petites îles boisées, sur
des canaux traversés par des ponts variés de
forme, et sur des chaloupes et des yacht mouil-
lant le long du rivage. Dans un coin du belvédère, je crus reconnaître le fameux porte-voix
avec lequel le père du grand chambellan adressait aux passans ses invitations pour dîner ; cet
instrument d'hospitalité est le sujet d'une anecdote dans la première partie de l'*Hermite*.

A cinq heures, nous fûmes avertis que le

dîner nous attendait, non par une cloche assour-
dissante, mais par une musique cachée derrière
un fourré d'arbres et exécutant une marche
guerrière. La table était dressée dans une salle
de verdure dont les murs en fleurs et le dôme
en tilleuls nous protégeaient contre le soleil. Les
musiciens étaient si bien cachés qu'il me fut
impossible de les voir, c'était la contre-partie du
belvédère, où je voyais sans entendre ; les sons
des instrumens, affaiblis par les légers mur-
mures de la brise qui rafraîchissait les convives,
ne dérobaient pas un mot à la conversation,
comme dans les grands repas de la ville. Les bons
mots du grand chambellan, les piquantes sail-
lies de Mme Narischkin, l'amabilité de sa fille,
veuve du fils de l'illustre Souwaroff, et de ses
petites-filles les jeunes princesses ; les mets les
plus recherchés, les vins les plus exquis et la
plus belle journée possible donnèrent à ce festin
champêtre une couleur d'enchantement qui ne
s'effacera jamais de mes souvenirs russes.

« Au dessert, un petit Français, gros et court,
auquel on aurait pu demander s'il était fils ou
neveu du célèbre d'Aigrefeuille, tant ses traits,
sa gourmandise et son appétit offraient de ressem-

blance avec notre gastronome ; ce petit monsieur, dis-je, s'extasia sur la perfection du
dîner que nous venions de faire, et motiva son
admiration avec une science des mots techni-
ques et une profondeur de connaissances culi-
naires qui étonna M. Narischkin lui-même.
« D'après l'expérience que je viens de faire,
dit-il, votre excellence peut se flatter d'avoir le
meilleur cuisinier de Pétersbourg. — Je le crois,
répliqua l'Amphytrion, et j'ai fait tout ce qu'il
fallait pour l'obtenir ; j'ai entrepris le voyage de
Paris dans le seul intérêt d'éclairer mon choix
et de trouver un bon artiste ; celui-ci appartient
à une des premières maisons de France, c'est
un cadet de famille, il s'appelle *Robert*. — Ah !
ce nom vénéré m'explique tout, s'écria le gros
et petit monsieur ; au surplus, mes hommages
pour lui ne sont pas suspects, car généralement
je n'aime pas les cuisiniers. — Et pourquoi, s'il
vous plaît ? — Parce que je leur préfère les
cuisinières ? — Mais, comment voulez-vous que
dans nos maisons. — Ah ! je le sais bien, et c'est
là un des inconvéniens de la grandeur ; mais,
permettez-moi de motiver mon opinion, cela ne
compromet point votre Robert, puisque je viens

de le louer d'inspiration! Généralement un homme
riche n'a pas de plus mortel ennemi que son cuisinier ; c'est un artiste dangereux qui, deux fois par
jour, lui sert un poison lent présenté sous des
formes et des couleurs séduisantes ; c'est un as-
sassin en veste et en bonnet très-blanc , qui
abrége la vie de ses maîtres sans redouter les
cours d'assises. Sous la main de cet artiste, le
goût primitif des meilleures choses disparaît ; la
soupe même, l'une des plus innocentes jouissances de la table, ne trouve pas grâce devant
le tyran ; il détourne d'une main audacieuse les
sucs généreux de la cuisse de bœuf pour les
gaspiller dans ses diaboliques ragoûts ; quoi de
plus fade et de plus insignifiant que les potages
des excellences et des millionnaires! »

» On voit rarement le chef le plus habile
conserver, au sein de son empire, la présence
d'esprit nécessaire pour mener à bien un grand
repas ; les vapeurs du charbon offusquent son
cerveau ; souvent il appelle la bouteille au secours de son génie, et ce dangereux auxiliaire
finit d'égarer sa raison. Alors, il se passionne, il
s'irrite, il brusque les sous-chefs qui battent les
marmitons, la terreur règne autour des four-

*

neaux. Si on résiste à l'humeur du despote, les têtes se montent, les esprits s'aigrissent, et le dîner porte la peine des débats, car la bonne chère fut toujours fille de la paix. Enfin, vous le dirai-je? j'aurais cent mille francs de rente, que chaque jour je voudrais tenir mon déjenner et mon dîner *d'un cordon bleu*, c'est-à-dire d'une femme sublime dans son art. Quel calme! quelle sérénité, quelle propreté! quelle prévoyance! quelle juste mesure d'abondance et d'économie! Donnez-lui vos ordres, elle les suit avec docilité; donnez-lui des aides, elle les commande avec douceur; tout le monde obéit sans peine, rien n'est plus léger que le sceptre féminin dans les états gastronomiques. Voit-on jamais une cuisinière, lorsque le feu ne pétille point au gré de son impatience, attiser la flamme avec quelques livres de beurre comme font très-souvent messieurs les *chefs?* Non! les moyens violens répugnent à sa conscience timorée; il y a mieux; si elle fait *sauter l'anse du panier*, c'est légèrement et avec mesure; jamais elle ne dépasse certaines limites imposées par la pudeur de son sexe; enfin, on trouve en elle un mélange d'honneur et de timide friponnerie; elle ne vo-

lera pas plus le dernier jour que le premier
dussiez-vous la garder trente ans : on peut aisément évaluer dans son budget les centimes addi-
tionnels qu'elle nous impose.

» Vous me direz peut-être, monsieur le grand
chambellan, que ses apprêts ont moins d'élégance et d'éclat sur une table que ceux des
cuisiniers; j'accorde ce point; mais si les yeux
sont moins éblouis, en revanche dégustez ces
mets plus simples : quelle saveur! comme tout
est sain, appétissant, comme chaque chose conserve le goût qu'elle doit avoir!

» Ombres dodues de nos chanoines et de nos
prieurs français, s'écria l'enthousiaste gastronome, j'en appelle à votre brillante santé qui
passait en proverbe; j'en atteste ce vermillon,
ce teint fleuri dont la nuance s'est perdue depuis
la révolution et qui ne se retrouvera plus; vous
aviez, il m'en souvient, le double privilége de
manger beaucoup et de vivre long-tems; hélas!
à qui le deviez-vous? à vos sages et habiles
gouvernantes; leurs délicieux apprêts ne rece-
laient point la mort, comme ceux de la plupart
des artistes chèrement payés, et dont les sauces

mystérieuses font de nos estomacs un foyer de
séditions gastriques.

» Telles sont les idées sérieuses auxquelles je
me livrais hier matin, en prenant douze tasses
de thé, par suite d'une indisposition et d'une
longue insomnie, dont j'étais redevable au détestable cuisinier de la personne chez qui j'a-
vais dîné la veille; on devient très-philosophe
quand l'estomac est dérangé. »

Après ces mots, l'apologiste des cuisinières,
jouant la distraction, se fit verser dans un grand
verre, la moitié d'un flacon de Malaga, et
avala tout d'un trait cette rasade comme pour
faire passer l'humeur qu'il venait d'exhaler contre les sauces trop compliquées.

« Il y a du vrai dans ce que vous dites,
reprit M. Narischkin, mais heureusement mon
cuisinier fait exception à la règle, et quand
je suis malade, c'est toujours ma faute et non
la sienne; on doit user sobrement des meilleurs
choses. Si j'ai un reproche à lui faire, c'est son
manque de docilité; ce gaillard-là ne s'avise-t-il
pas de contrarier mes goûts! L'autre jour il me
refusa positivement un blanc-manger, prétex-

tant que cela ne valait rien pour ma santé.
Mais M. Robert, m'écriais-je, ma santé c'est
l'affaire de mon docteur, je veux un blanc-manger. — Mais, monsieur..... — Mais M. Robert,
vous le prenez bien haut depuis quelque tems. »
Alors, je vis mon homme draper son tablier,
prendre une attitude semi-tragique, et me répondre :

. . . . , . . Seigneur,
Des cuisiniers français tel est le caractère.

Le moyen de ne pas rire aux éclats? Qu'eussiez-
vous fait à ma place? — Ma foi! répondit le
gastronome, je l'aurais renvoyé à ses fourneaux.
— C'est ce que je fis, mais en me promettant de
ne plus l'admonester que de grand matin ou le
soir ; vos diables d'artistes français sont inabor-
dables dans le moment du coup de feu (1). »

(1) La scène de M. Narischkin avec son cuisinier me
rappelle deux traits analogues.

Le chevalier de M*** cherchait une cuisinière ; un
abbé italien lui dit : « J'ai votre affaire, et demain je
vous amènerai un bon sujet. » En effet, le lendemain,
le chevalier vit entrer chez lui l'abbé, suivi d'une
femme fort bien mise ; c'était la cuisinière. Il frissonna
à cet aspect, se doutant bien qu'on lui amenait un *cor-*

» Le café et les glaces nous attendaient sur la flotte ; le *canot amiral* était précédé d'une chaloupe contenant la musique des cors, l'une des merveilles septentrionales, et d'une autre où s'étaient placés les chanteurs ; rien de plus suave

don bleu. La dame, en s'adressant à lui, l'appela monsieur le comte. Son interlocuteur l'interrompit par ces mots : « Monsieur n'est point comte. — Et qu'est-il donc, reprit la cuisinière! — Il est chevalier. — Chevalier, s'écria l'artiste, en jetant un regard dédaigneux sur le modeste ameublement du salon ; dans ce cas, je ne suis point ce qui lui convient, il faut à un chevalier une cuisinière de seconde classe, une fille qui se contente de vingt-cinq roubles par mois, moi : j'en gagne soixante!! Quand on sait faire cuisine anglaise, française, allemande et italienne, on ne peut servir chez un chevalier! Je vous salue, messieurs, je vous enverrai demain matin une cuisinière de chevalier. »

Un baron suédois, dont j'ai oublié le nom, se trouvant à Moscou, dînait à table d'hôte auprès d'un homme de bonne mine, s'exprimant bien et fort amusant. Le baron, excité par ce voisinage, fit venir une bouteille de vin *de Lafitte* pour régaler l'aimable causeur ; celui-ci lui demanda s'il était au service. — Non, répondit le baron, j'ai servi durant vingt années, et maintenant je voyage pour mon plaisir. — Eh bien! moi je sers toujours, reprit l'inconnu. — Dans quel régiment? — Je vous dirai cela demain, venez dîner chez moi, je serai charmé que vous goûtiez de ma cuisine. »

que ce dialogue de deux mélodies et que ce
léger balancement des barques rasant la surface
des eaux. Notre promenade se prolongea jusqu'à onze heures : nous abordions dans tous-les
lieux qui piquaient notre curiosité, car c'était
la saison où la nuit s'absente de ces contrées.
Rentrés chez madame Narischkin, nous prîmes
congé, nous montâmes en voiture, et nos quatre

Le baron, sensible à cette politesse, prend l'adresse
du prince *** , et on se sépare. Le lendemain, à trois
heures, l'invité se rend chez le prince, mais il ne reconnaît point la figure de son voisin de table, il croit
s'être trompé de nom ou de maison. Toutefois le maître
du logis, enchanté de posséder un convive de plus,
accueille parfaitement l'étranger sans s'informer de
son nom. On dîne, et, quelques minutes après le
dîner, tout le monde disparaît suivant l'usage de beaucoup de maisons russes. En sortant, le baron retrouve
sous le vestibule son voisin de la table d'hôte qui s'écrie
en le voyant : « Eh bien ! monsieur le baron, comment
avez-vous trouvé le dîner ? — Excellent. — Vous me
faites honneur, et vous me rendez justice, c'est moi
qui l'ai *confectionné*. Je sers dans *royal-casserole* ; ce
service vaut plus de profits et moins de coups. Maintenant, soyez sûr d'une chose, c'est que vous pouvez
venir six mois de suite dîner chez mon maître sans
craindre d'être moins bien reçu qu'aujourd'hui, je suis
charmé de vous avoir fait faire cette connaissance. »

chevaux nous ramenèrent encore plus vite qu'ils
nous avaient conduits le matin.

Pendant l'été, quand le tems est favorable,
les salles à manger restent désertes : on dîne
sous des portiques placés à l'exposition du nord.
On est si friand de beaux jours, qu'on ne veut
pas perdre une heure de la trève fugitive des
frimas et de l'enivrante contemplation de la
nature. Ce qui donne un attrait particulier aux
environs de Pétersbourg, c'est l'absence des
murs et la facilité d'entrer dans les parcs et jardins sans demander l'agrément de leurs maîtres.
Je crois même que cette demande serait une
sorte d'injure à leur hospitalité. J'ai usé large-
ment de cette tolérance, sans qu'il soit venu à
l'idée des gens ni des jardiniers de m'adresser
cette question : « Monsieur, qu'est-ce que vous
demandez? » ce qui arrive en France, dès que
vous posez la pointe de la botte sur le seuil
d'un jardin. Enfin il semble que, dans la plupart
de ces habitations d'été, on songea à tout, ex-
cepté au soin de sa sûreté : cet oubli honore autant le caractère des nationaux que la surveillance de la police.

Nulle part, on ne se livre aussi dispendieusement à l'amour des fleurs : ce luxe est regardé comme une des compensations indispensables de cette sévère latitude. Non-seulement les maisons de campagne en sont décorées avec une profusion inconnue dans nos climats, mais, tout l'hiver, l'aspect des fleurs vient réjouir les regards fatigués par la neige ; on en trouve dans les escaliers, dans les chambres, dans les salons. Dans les rues, on voit à travers les glaces sans étain, et avec le tems le plus rigoureux, des touffes de roses, d'œillets, de fleurs d'orange, etc. Je ne connais rien de si piquant que cette consolation muette adressée aux passans : c'est leur dire dans un langage symbolique : « Sous cette enveloppe de glace, la nature, qui sommeille, se réveillera. »

Dans l'hiver de 1822, me trouvant au bal chez Mme Narischkin, j'éprouvai la plus douce sensation, lorsqu'en sortant d'un salon de danse, j'entrai dans une grande galerie remplie d'arbustes hauts de dix à douze pieds, et la plupart couverts de fleurs. Ces arbustes, faisant bosquets, offraient l'image du printems au mois de janvier, et une foule de plantes complétaient l'illusion. Hélas ! l'hiver suivant, nous revînmes dans ce

même lieu, et les fleurs funéraires remplaçaient
ce brillant tableau. Mme Narischkin , étendue
sur son lit de mort , venait de succomber encore jeune et après une courte maladie. Deux
popes récitaient les prières, et moi, étranger, je
mêlais mes larmes à celles des parens et des amis;
je regrettais cette femme si vraiment bonne , si
charitable, si dévouée à ceux qu'elle aimait. La
bienfaisance et la piété honorèrent le déclin de
ses jours, comme la conduite la plus pure avait
signalé l'aurore de sa vie. Belle , riche , parente
de la famille impériale , sa conduite fut irrépro-
chable à une époque où une jolie femme avait
quelque mérite d'être sage au milieu d'une cour
qui l'était fort peu.

UNE BONNE SOIRÉE.

Deux Françaises arrachées à la mort par un officier
russe. — Rencontre imprévue. — M. Tonucci, peintre célèbre, en Russie. — Son mariage avec une
princesse russe. — Deux oppositions à ce mariage.

Hier, le prince A. G*** nous raconta une
aventure qui se rattache à la funeste campagne de
1812, si féconde en malheurs et en événemens.
Je laisserai parler ce prince.

« Le prince Koutousoff, commandant général
de l'armée, m'avait confié une mission périlleuse ; en traversant les terres à la distance de
huit werstes de la grande route occupée par
l'armée française, j'aperçus un groupe considérable de paysannes qui menaient tumultueuse-
ment deux femmes presque nues, et ayant la
corde au cou, vers une pièce d'eau voisine d'un

petit village; déjà on pratiquait sous la glace le trou dans lequel on allait les engloutir. A cette vue, doublant le galop de mon cheval, et suivi du seul Cosaque qui m'accompagnât, j'arrive sur le théâtre de l'horrible exécution préparée par ces femmes furieuses. Aussitôt la plus jeune des prisonnières se détache violemment des bras qui la retenaient, s'élance vers moi, et se cramponne à ma botte, en implorant mon secours. A ma première question, faite en français, elle se jette à genoux pour remercier Dieu d'une rencontre si inespérée. Cette jeune femme avait vu, le matin même, tuer son mari sous ses yeux ; c'était un des payeurs de l'armée française. Les paysannes, me voyant disposé à leur enlever leur proie, m'accablèrent d'imprécations; l'une d'elles s'exprima ainsi : « N'as-tu pas honte, toi qui portes l'uniforme des nôtres, de parler la langue de nos oppresseurs, de nos bourreaux? Je te le dis, tous nos hommes furent massacrés par les soldats de France ; ils ne nous ont laissé que trois des anciens, c'est tout ce qui reste de nos pères, de nos maris, de nos garçons; et tu veux nous enlever ces deux femmes? Songe qu'elles appartiennent aux des-

tructeurs de notre village. » Je ne pouvais
parvenir à calmer ces paysannes ; mon Cosaque
faisait mille efforts pour les empêcher de saisir
la pauvre suppliante. « Monsieur, me disait celle-
ci, je leur ai offert 20,000 fr. pour nous ra-
cheter. — Mais, Madame , répondis-je , vous
leur proposiez ce qui est en leur pouvoir, c'était
un triste moyen de succès. »

» Enfin j'eus l'heureuse inspiration de parler à
la troupe mutinée de la princesse ***, ma tante,
qui est la propriétaire de ce village : de ce moment je ne fus plus un étranger pour ces femmes , et la foule s'éloigna de nous. Je pro-
fitai de la trêve pour faire détacher un cheval
de la voiture de cette jolie Française , et je lui
dis : « Madame, montez à cheval sur-le-champ
et suivez-moi. » Je la couvris de mon manteau
pour la garantir du froid.

» Nous allions partir, lorsque des cris déchi-
rans nous arrêtèrent : c'étaient ceux de la femme
de chambre. « Monsieur l'officier, me dit sa
maîtresse , au lieu d'une bonne action, faites-en
deux, le ciel vous bénira. » Chargé d'un ordre
important et déjà en retard , j'allais piquer des
deux, lorsque faisant le mouvement de des-

cendre de cheval, elle me dit : « Si nous n'em-
menons pas cette bonne Dorothée qui me sert
depuis dix ans et qui m'a suivie avec tant de
dévouement, je renonce à vos bontés ; j'aime
mieux mourir que de me sauver sans elle. »
Cette générosité m'émut profondément, mais
redoubla mon embarras ; nos petits chevaux
cosaques n'auraient point supporté un double
poids sur leur croupe chatouilleuse. Comment
faire? J'avoue que cet instant fut pour moi un
des plus cruels de la campagne. Enfin j'aperçus,
non loin de nous, un traîneau ; j'ordonnai à une
des paysannes dont je venais de déjouer la fureur,
d'amener cette voiture ; elle obéit en murmu-
rant et s'y plaça pour le conduire : Dorothée se
mit auprès d'elle. Sa maîtresse, ne perdant point
la tête, fit porter par mon Cosaque la caisse du
payeur sur le traîneau, après avoir jeté avec
beaucoup de grâce plusieurs sacs d'argent devant le groupe silencieux des villageoises ; personne n'y toucha en notre présence. La petite
caravane partit, et les chevaux ne furent point
épargnés. Heureuse d'échapper au danger et de
n'avoir plus la corde au cou, la femme du
payeur soutint une course très-rapide avec

une force surnaturelle; nous ne rencontrâmes
ni Russes, ni Français. Arrivé dans une petite ville qui était sur mon passage, je me fis
conduire chez le *goroduik* (le maire), et je
lui confiai mes deux voyageuses, en lui en-
joignant de les protéger contre toute insulte.
J'allais continuer ma route sans même faire
reposer les chevaux, lorsque la jeune femme
vint se cramponner encore à ma jambe en s'é-
criant qu'elle voulait me suivre, que sans moi
les mêmes périls la poursuivraient partout.
C'était la chose impossible; j'avais arraché à
une mort certaine une fort jolie Française et une
brave fille; mon cœur était satisfait; mais j'avais
perdu une grande heure, et le devoir m'impo-
sait de les quitter. Je me trouvais heureux d'être
libre et de n'avoir plus l'air d'un héros de
roman ou d'un ancien chevalier; la guerre de
1812 était trop sérieuse pour admettre ce genre
de courtoisie. Je crois, en vérité, que les efforts
des personnes rassemblées autour de nous n'auraient pu détacher ces bras délicats, mais nerveux, de la botte qu'ils tenaient embrassée,
sans un évanouissement qui vint à mon secours.
Je partis et je remplis les ordres du général

commandant, sans m'être compromis par ce
retard forcé. J'ai regardé ce bonheur comme
une récompense du ciel.

Sept années se passèrent : je croyais cette
dame, qui était presque effacée de mon souvenir, rentrée en France, lorsqu'en 18...., ,
voyageant avec l'empereur, je suivis S. M. dans
un grand bal que lui donnait le général gouverneur de V****. J'allais faire un tour de valse,
quand tout à coup je me sentis étroitement embrassé par une dame qui pleurait et riait en
même tems, sans pouvoir expliquer le motif
d'une si vive émotion. Cette femme, épouse du
gouverneur et maîtresse de la maison, était
la même que j'avais sauvée en 1812. Notre
reconnaissance fit scène dans le bal ; les assis-
tans étaient vivement touchés. L'empereur me
prit à part pour me demander le récit de ce
romanesque événement, et le lendemain, il
m'adressa l'un des rubans que vous voyez sur
ma poitrine. »

Après cette narration du prince, nous con-
vînmes tous que jamais ruban n'avait été mieux
gagné.

Les causeries de salon sont une vraie loterie ;

il en est de mortellement ennuyeuses où le spé-
culateur en observations ne trouve pas un trait
à recueillir et dont il se retire tristement sans
avoir *étrenné*. Je ne puis pas faire ce reproche à
ma soirée d'hier, elle fut remplie par l'aventure
que je viens de raconter et par des détails sur
un personnage très-original et fort célèbre à
Moscou et à Pétersbourg. M. T***** est un
de ces hommes dont la jeunesse est dévorée de la
fièvre du génie, mais qui ne savent pas en
régler les accès. Né à Rome, il appartient
à une famille respectable ; son imagination
ardente et déréglée se passionna de bonne heure
pour les sciences, les lettres et les arts ; il voulut
tout embrasser ; mais la nature l'avait créé
peintre, et s'il s'était livré exclusivement à
cet art, il eût égalé les plus grands maîtres. Il
vint en Russie avec un beau talent dont il aida
sa mauvaise fortune.

M. T**** avait des sentimens très-nobles,
et beaucoup de désintéressement, mais dans
sa jeunesse il était original, susceptible et ne
pouvait supporter la critique. Le prince Bellozelsky (1) fut un des premiers dont il fit

(1) Ce prince avait beaucoup d'instruction et une

III.   9

le portrait; la tête n'était point encore finie,
lorsque son modèle amena dans l'atelier des
personnes de sa famille et des amis; chacun
fit ses observations; *les si*, *les mais*, *les car*,
blessèrent l'amour-propre de l'artiste; le lendemain, un général russe étant venu prendre
séance, le peintre tourna le portrait sans dessus
dessous, et commença son nouvel ouvrage sur
la même toile, de manière qu'après trois séances la tête du prince se trouva entre les jambes
du général; comme la ressemblance du premier
était parfaite, les curieux ne pouvaient concevoir la cause d'un arrangement aussi singulier.
Je ne dirai point comment se termina cette
affaire entre les deux modèles, je ne sais que le
début de l'anecdote.

Son tableau de Médée, égorgeant ses enfans,

grande facilité de réparties; il aimait avec passion notre
théâtre et notre littérature, dont il faisait une étude
particulière; sa conversation était celle d'un homme
sensé, aimable et brillant. Mais, hélas! la nature fait de
terribles restrictions; lorsque ce causeur séduisant voulait écrire, ce n'était plus le prince Bellozelsky. Aussi
M. Mételelf disait plaisamment : « Quand le prince veut
faire des vers français, tout son esprit s'évapore au
poignet avant de gagner le bout des doigts. »

est une conception bizarre, mais riche d'imagination; une foule de monstres assistent à
cette horrible scène; on remarque un diable
dont le derrière représente la figure de l'architecte Quarenghy, dont j'ai déjà parlé.

De Pétersbourg, le peintre se rendit à Moscou, avec son pinceau, et aussi avec ses rêve-
ries, ses systèmes et ses projets; il s'occupa
très-sérieusement de la création d'une république dans les steppes de la Russie méridio-
nale; il prétendait la composer de familles qui
n'auraient jamais eu de contact avec nos institutions modernes, et pouvant ainsi se plier au
joug qu'il voulait leur imposer. Ce nouveau Ly-
curgue bannissait de sa république ce qu'il
appelait les quatre grandes plaies de l'humanité, le mariage, les avocats, le commerce et
les médecins.

Ce rêve s'évanouit, et fut remplacé par un
projet d'extirpation générale de la mendicité
dans l'empire russe. Le prospectus débutait
ainsi : « Tous les états sont dévorés par deux
sortes de mendians; les premiers tendent la
main dans les rues, leur misère est avérée; les

autres tendent la main au souverain pour en
obtenir des richesses et des honneurs; comme
il y a impossibilité de délivrer le monde de ces
derniers, nous ne nous occuperons que des autres. »

Il était persuadé que le jour, la nuit, et les
couleurs, ne sont que des apparences; qu'un
homme ne nous semble un homme et une femme
une femme que par apparence; un de ses gens le
vole; Tonucci court porter sa plainte chez M. Spi-
ridoff, grand maître de police, celui-ci lui répond : « Je ne conçois guère comment vous
attachez quelque importance à un désagrément
qui n'est au fond qu'une apparence. — Mais
aussi, dit T*****, si mon homme est knouté,
il ne le sera qu'en apparence. » Voilà les philosophes quand il y va de leur intérêt.

Toutes les idées bizarres trouvaient un logement dans cette tête volcanisée; il affirmait que
les animaux parlent comme les hommes; dans
ce système il allait beaucoup plus loin que
M. Dupont de Nemours. Un jour sa chienne
aboyait aux personnes qui venaient dîner chez
lui : « Né comprenez-vous pas, leur disait-il,

qu'elle vous reproche très-aigrement de vous
être fait attendre, et qu'elle ajoute que le dîner
sera froid ? »

Quand notre philosophe atteignit la gravité
de l'âge, son imagination se fatigua des systèmes et des projets extravagans; il songea au
mariage, ayant sans doute réfléchi que cette
union n'est point une apparence; ses vœux s'a-
dressèrent à une princesse russe, qui ne les
repoussa point; mais ce penchant mutuel fût
traversé par une foule de parens. La personne
qui m'a donné ces détails exerçait une égale
influence sur les deux parties; c'est donc à elle
que s'adressèrent les oppositions. La famille
de la princesse trouvait souverainement ridicule qu'un artiste, quel que fût son talent,
osât prétendre s'allier à une des grandes maisons de la Russie; elle disait qu'une union aussi
disproportionnée était sans exemple; enfin, tout
l'orgueil patricien se prononça, dans une séance
aussi longue qu'orageuse. Une heure après le
départ des mécontens, le confident de leur
chaleur vit entrer un professeur de guitare,
nommé *Délicati*, ami de T*****; sa figure était
fort triste; on lui demanda la cause de son

chagrin : « Ah! répondit le musicien, vous me voyez au désespoir de la folie que mon meilleur ami va faire. — Comment donc une folie! — Eh! oui, et des plus grandes encore ; cet homme va se mésallier en épousant une femme sans génie ; jamais ces deux êtres-là ne se comprendront. — Mais songez donc, Délicati..... — Je songe, monsieur, qu'il y a douze mille princesses en Russie, et que nous n'avons qu'un *T******. » Cette scène est impayable ; qu'on juge de l'étonnement du médiateur, en voyant que des deux côtés on criait à la mésalliance!

Les amans laissèrent crier, se marièrent, et ne s'en trouvent pas mal ; *T****** est le meilleur homme du monde ; il a des vertus, beaucoup d'esprit et une raison mûrie par le tems ; enfin, il ne lui manquait que d'être religieux, il l'est devenu ; c'est avec ardeur qu'il abjura ses folles doctrines ; sa conversion fut signalée par un tableau, qui est son chef-d'œuvre ; la religion doubla son génie ; cette belle composition figure dans l'une des églises de Moscou.

LE THÉATRE RUSSE.

Pourquoi les Russes n'ont-ils pas de bons acteurs. — Pourquoi la comédie est inférieure à la tragédie. — Canevas de pièces. — Plusieurs portraits. — Anecdotes. — Un officier français se marie par respect pour la discipline. — Un maréchal de France sous Alexandre-le-Grand. — Des théâtres particuliers en Russie. — Les domestiques sont tour à tour comédiens, chantres, chasseurs, musiciens. — Une tragédie suspendue par un éternûment.

« Mon prince, disais-je, l'autre jour au colonel P***, vous êtes très-assidu au théâtre national, ainsi je dois croire que vous entendez parfaitement le russe ? — Oui , répliqua le prince, sans trop me flatter, je parle et j'écris facilement notre langue (1), ce qui n'est point

(1) On destinait un jeune russe à la carrière diplomatique. La personne qui le recommandait à la chancellerie des affaires étrangères ajoutait à la note des

sans mérite parmi nous. Quant à notre théâtre, j'y vais par patriotisme beaucoup plus que par goût; puis il m'offre l'emploi de trois heures , immense avantage dans une ville où l'on est si souvent embarrassé de sa journée! Mais les grands théâtres de Paris, de Berlin et de Londres , m'ont rendu difficile. En général, nos pièces sont faibles et nos acteurs ne sont pas forts; nous vivons de traductions , d'imitations. Le moyen d'éprouver des jouissances bien vives pour des tragédies et comédies exotiques péniblement naturalisées sur nos planches russes? quel plaisir puis-je goûter au *Tartuffe* traduit , lorsque la veille je l'ai vu jouer tant bien que mal par vos comédiens français? Quelques-uns de nos traducteurs ont sans doute beaucoup de talent, mais nos meilleurs comédiens ne sont que médiocres ; deux actrices échappèrent à la règle commune , pourquoi? parce que la première, mademoiselle Séméonoff, reçut des conseils d'un de nos plus célèbres académiciens; M. Guéditsch l'initia à tous les secrets de la scène, comme dans le tems votre Legouvé fit l'éducation théâtrale de mademoi-

renseignemens : « Sachant parler et écrire couramment la langue russe. »

selle Duchesnois. Je ne manque jamais les représentations de mademoiselle Séméonoff ; l'autre
jour elle fit sa rentrée dans la Clytemnestre de
l'Iphigénie en Aulide traduite par M. Labaffuo.
Ce rôle est le triomphe de l'actrice ; les transports du public éclatèrent si vivement, que je
vis Clytemnestre prête à se trouver mal ; elle
s'appuyait sur la coulisse pour résister à son
émotion : les premiers vers furent balbutiés,
mais lorsqu'elle parvint à surmonter son trouble,
tout le rôle fut dit avec une telle inspiration,
qu'elle nous donna à tous des entrailles de mère ;
cette femme est sublime, c'est une sensibilité
vraie, un organe enchanteur; enfin, c'est la nature, mais mademoiselle Séméonoff n'est point
secondée.

» Mademoiselle Colossoff est une comédienne
charmante; manquant de modèle pour la haute
comédie, elle prit l'habile résolution de quitter
son pays pour former son talent; mais elle ne
fut chercher des inspirations ni à Berlin, ni à
Vienne, elle se rendit en droite ligne à Paris.
Depuis l'époque où nous convoquâmes les lettres et les arts au milieu de nos neiges, la
France est notre grande école, et notre Parnasse

l'élève du vôtre ; nous aurions maintenant bonne envie de secouer ce joug, mais le jour de l'émancipation n'a pas encore brillé.

» A son retour, mademoiselle Colossoff reparut dans le rôle de la coquette des *Eaux de Lipesk ;* la métamorphose était complète. Autres manières, autres poses, finesse de jeu, grâce dans le débit, justesse d'intonations ; démarche plus assurée, élégance de costume, elle avait saisi toutes les convenances théâtrales. Les femmes ont une souplesse d'organe et une sûreté de tact qui les sert merveilleusement. Un acteur, envoyé à Paris, et consacrant le même tems (1) à l'étude de vos modèles, serait, je crois, revenu à peu de chose près comme il était parti ; notre fameux Dmitrieffschy voyagea et séjourna fort long-tems en Angleterre et en France avant d'atteindre la perfection qui nous charmait.

» Les théâtres de nos deux capitales n'ont pas, comme dans d'autres pays, pour auxiliaires et ressources de recrutement, les acteurs de province ; hors de Pétersbourg et de Mos-

____

(1) L'absence de mademoiselle Colossoff n'a duré que deux ans.

cou, les troupes sont détestables. Notre école
dramatique est formée sur l'échelle des écoles
de médecine, des beaux-arts et des chantres
de la cour, c'est-à-dire que les enfans destinés
à la scène sont entretenus et élevés aux frais
du gouvernement, comme dans un pensionnat.
Il faut croire que le mode d'enseignement et les
professeurs sont bien imparfaits, puisqu'il ne
sort de cette école que des acteurs très-médiocres; cependant, sous les règnes de Catherine
et de Paul, on ne manqua pas de bons modèles;
notre troupe française (1) rivalisait avec celle
de Paris.

» Ici, nos acteurs ne vont jamais dans le
monde; comme en France, ils ne fréquentent
pas les hommes de lettres, et ne se livrent point

(1) Une des premières chanteuses fit présenter dés
doléances sur la modicité de son traitement. Catherine
dit qu'elle avait tort de se plaindre puisqu'elle était aussi
bien payée que ses maréchaux : « Eh bien ! qu'elle fasse
chanter ses maréchaux, répliqua l'actrice, lorsqu'on lui
rapporta la réponse de la souveraine.» L'impératrice, à
laquelle ces paroles furent répétées, tierça sur sa cassette les appointemens de la chanteuse. Tel est le pouvoir d'une saillie heureuse sur l'esprit des souverains,
que souvent elle a suffi pour faire la fortune et même
pour sauver la vie de bien des gens.

à de fortes études ; ce ne sont, pour ainsi dire,
que des machines à déclamation : comment se-
raient-ils propres à remuer fortement le cœur?
comment peindraient-ils les grandes passions?
il faudrait les comprendre. Mlle Séméonoff est un
accident heureux, pour me servir de l'expression que Mme de Staël mit dans la bouche
d'un grand personnage ; mais cette tragédienne
ne sera point remplacée, pas plus que Dmitrieffschy, qui est mort sans laisser d'héritier de
son talent.

» Une des causes de la faiblesse de nos acteurs, c'est la prohibition du sifflet dans nos
spectacles ; le public ne peut marquer son mé-
contentement que par un froid silence, ou par
le chut, lorsqu'on applaudit mal à propos ; *le
chut* est le sifflet russe, mais quoique d'une
nature désagréable, il ne déchire point assez
l'oreille des acteurs et ne leur inspire pas ce
salutaire effroi auquel vous devez peut-être les
plus illustres gloires de la scène française.

» Rien ne se passe ici comme chez vous ;
la fiscalité de la direction (1) théâtrale frappe

(1) On dit que les droits d'auteur sont améliorés
depuis quelque tems.

les auteurs de découragement, ils ne retirent
d'autre prix de leurs travaux, que la recette de
la deuxième représentation, les frais prélevés.
Cette mesure est aussi ridicule que souverainement injuste ; c'est là que se bornent les profits d'un auteur dramatique ; encore faut-il que
sa pièce réussisse ; alors, fût-elle représentée
cent fois, elle reste la propriété du théâtre, qui
s'enrichit, pendant que le poète meurt de faim
s'il n'a que son esprit pour fortune. Il y a mieux,
l'auteur ne peut faire imprimer la pièce à son
profit, c'est la direction qui exerce ce droit.
Vous riez, je vous le permets ; tout cela est
fort étrange.

» — Mon prince, répliquai-je, dites-moi
pourquoi la tragédie russe laisse si fort en ar-
rière sa sœur la muse comique ; à quoi faut-il
attribuer l'infériorité de cette dernière ? — D'a-
bord aux entraves de la censure, quelquefois
aussi ombrageuse que la vôtre, au tems où l'on
trouvait de la témérité dans ce vers de M. An-
drieux :

Un conseiller d'état m'a touché dans la main (1).

On doit l'attribuer aussi à l'humeur sauvage de

(1) Ce vers se trouve dans *le Trésor*, comédie en cinq

nos auteurs, qui, voyant peu le grand monde, ne
sauraient guère signaler ses travers. Un poète,
nourri de l'histoire et doué de quelque imagination, peut enfanter une œuvre tragique sans
sortir de son cabinet; il n'en est pas de même
de l'auteur comique, il faut qu'il hante et ob-
serve le grand monde sous peine de tomber
dans des redites, dans ces ridicules saillans qui
furent traités par vos grands maîtres. Nos auteurs ont le défaut de rester chez eux ou de
vivre entre eux, ce qui les expose, s'ils vou-
laient donner du neuf, à peindre mutuellement
leurs propres ridicules, ce qu'à Dieu ne plaise,
ce serait une guerre civile. D'ailleurs, ici, la
palette des auteurs comiques serait pauvre en
couleurs; malgré nos quatorze classes, la société
n'offre point ces formes tranchantes qui autrefois
marquaient tous les rangs en France; nos juges

actes, qui fut représentée pour la première fois sous
Bonaparte. On crut que la censure supprimerait ce vers
où il était question d'une charge nouvellement recréée;
il fut laissé, et cet acte de clémence étonna ce même
public, qui s'étonne aujourd'hui que tous les excès de la
licence ne soient pas permis, ce qui fait beaucoup
d'honneur à sa mémoire, à sa logique et à sa reconnaissance.

et nos conseillers ne sont pas plaisans ; 3 ou 4,000
roubles glissés platement dans une poche vénale ,
n'ont point le piquant de ces cadeaux en nature
qui chantaient ou fretillaient sous la robe d'un
juge dans le trajet de l'audience à son domicile ,
suivant qu'ils étaient *carpes* ou *dindons ;* nos ma-
gistrats et nos commissaires ne sont point en—
veloppés de quatre à cinq aunes d'étoffe noire.
Nous ne connûmes jamais le rabat ni le petit manteau de vos *baillis*, ni vos abbés musqués ; si
plaisans au théâtre. Nos hommes de finances ,
aussi sérieux que leurs chiffres , ne prirent point
le brillant et ridicule essor de vos fermiers généraux ; nos marchands millionnaires conservent au
milieu de leur or une attitude calme et modeste ;
ils peuvent connaître l'avarice, mais ils ignorent
la vanité. Si nous avons eu sous le grand règne
d'une femme une multitude d'aimables courtisans , nos parquets ne retentirent point sous les
talons rouges de ces marquis pétulans et frivoles
dont Molière fit son profit. Enfin, nos dames,
tant soit peu asiatiques, n'ont jamais offert ce
type de grandes coquettes dont jadis vos salons
fourmillaient. Mlle Colosoff a dû faire un millier
de lieues pour remonter aux traditions de cet

emploi : ainsi, comme vous voyez, notre cour, même à l'époque de sa magnificence et du règne des grâces et de l'esprit, ne fut pas d'un grand secours pour nos auteurs.

» Lorsque Pierre Ier appela l'attention de l'Europe sur nos froides régions, ce pays se montra sous deux seuls aspects : d'une part une noblesse toute militaire, et de l'autre des paysans attachés à la glèbe ; point de classe intermédiaire. Sauf quelques modifications, cet état de choses est à peu près le même, et de cette uniformité résulte une monotonie désespérante dans le domaine de la comédie. Si vous ajoutez à ces causes de disette les susceptibilités de la censure, vous accuserez moins les auteurs que les circonstances qui enchaînent leur plume et déjouent leur malice. Par exemple, pendant plusieurs années, quelques cerveaux malades furent atteints d'une sorte de mysticisme prêtant d'autant plus au ridicule qu'il était absurde et mal avisé, intolérant ouvertement pour la religion catholique, et sourdement pour la religion dominante. Les adeptes couvraient leur zèle d'un voile de pédantisme et de rigorisme si extravagant, que c'était le cas de

livrer la secte naissante aux flèches de Thalie. Le
saint synode, froissé lui-même par ces étranges
doctrines, n'aurait point désapprouvé une bonne
comédie en cinq actes, qui en eût fait justice.
Le Mystique par ambition était un sujet très-
heureux, mais le censeur aurait dit au poète :
« Monsieur, le ministre ne veut pas qu'on le
joue. » Le ministre aurait peut-être dit quelque
chose de mieux que cela, et Louis-le-Grand
n'était pas là pour trancher la difficulté.

» A défaut de ces caractères tranchans qui
font la fortune du théâtre, les auteurs pourraient
au moins saisir par-ci, par-là, quelques semi-
nuances, quelques travers de seconde classe. Je
vais vous en citer un ; c'est le complaisant russe,
une manière de chambellan bourgeois, qu'on
trouve dans les plus grandes maisons et aussi
dans les moyennes, pourvu que le maître du
logis occupe un grade un peu supérieur ; ce
chambellan a la contenance humble, la physionomie caressante, la posture immobile ; ses
regards sont constamment en arrêt des regards
du patron. Mais au plus léger mouvement des
sourcils de ce visage respecté, toute sa petite
personne s'ébranle, elle s'approche avec sou-

plesse, et dès qu'elle a reçu un ordre, elle fait
entendre à demi-voix et avec l'organe de la sou-
mission, ce seul mot *cheichas* (tout à l'heure) :
alors elle gagne la muraille à reculons, pour
ne point tourner le dos à l'excellence ; là, elle
se ramasse, elle se fait petite; et d'un air timoré,
toujours rasant le mur, cette machine obéis-
sante disparaît. Lorsqu'elle rentre, elle fait la
même manœuvre pour regagner son petit coin,
où elle reste à l'affût d'un nouveau signe. Elle
dîne avec la famille (1), elle suit le patron à la
campagne, elle partage les plaisirs de la maison ; j'appelle ces souffre-douleurs des *cheichas* du nom de la seule parole qu'ils osent
prononcer. Une petite comédie intitulée le *Cheichas*, ferait courir tout Pétersbourg, qu'en
dites-vous ? — Je dis, mon prince, qu'une comédie réussit toujours lorsqu'elle offre des couleurs locales ; le sujet me plaît tellement, qu'il
m'inspire un trait dont un auteur tirerait parti.
Le maître, voulant égayer son cercle aux dépens de cette petite machine , lui dirait :

(1) Je ne puis mieux comparer ce personnage qu'aux
parasites romains voués au ridicule par Plaute, Térence
et Horace.

« Iwan Iwanovitsch (Jean, fils de Jean),
resterez-vous donc éternellement garçon? Écou-
tez, mon cher, il est tems de prendre un parti,
mariez-vous, je le veux. » Iwan répondrait
aussitôt, *chèichas*, et il disparaîtrait aux grands
éclats de rire de l'assemblée, ravie d'une aussi
prompte et aussi prodigieuse obéissance. (1) —

(1) Ce trait proposé au prince Jean n'est, au fond,
qu'une réminiscence ; sous le gouvernement impérial,
l'École Polythechique comptait au nombre des officiers
de la maison un homme que plusieurs traits d'une haute
bravoure avaient fait distinguer par Bonaparte dans les
campagnes d'Italie et d'Egypte ; il l'avait placé lui-
même auprès des élèves en qualité de surveillant et de
professeur des manœuvres militaires. Cet officier était
animé, pour son maître, de ce fanatique dévouement
qui enfanta de si beaux faits d'armes ; d'ailleurs, très-
brave homme, et fort aimé des pensionnaires. Un
jour, son maître étant venu visiter l'école, plaisanta le
capitaine sur son obstination dans le célibat. « Mon
ami, lui dit-il, il faut faire une fin, et prendre femme,
tu la rendras très-heureuse ; quant au trousseau, c'est
mon affaire. » L'officier porta respectueusement le revers de la main à son chapeau, et dit : « Sire, vous serez obéi. » En effet, chercher une femme, l'aimer, le
lui dire, lui offrir sa main et l'épouser, tout cela se fit
en trois jours.

Les élèves affectionnaient et respectaient leur professeur, mais parfois ce respect s'affaiblissait lorsque le

A merveille, vous entrez parfaitement dans ma pensée, ajouta le prince, nous avons encore ici quelques originaux très susceptibles d'exploitation ; mais les auteurs, trop paresseux ou trop timides, font semblant de ne pas les voir. Par exemple, M. *Lecturoff*, qui depuis quinze ans,

héros entrelardait ses harangues ou ses démonstrations de barbarismes, ou, pour parler plus franc, *de liaisons dangereuses* très-dissonantes aux oreilles d'une jeunesse lettrée. « Messieurs, dit-il un soir, voilà neuf heures, il faut *zaller* se coucher. — Avec un *cuir*, mon commandant, s'écria un des élèves? — Non, monsieur, avec *zun* bonnet de coton. — Allons, messieurs, mettez-vous sur trois rangs, disait-il un jour. — Mais, mon commandant, nous ne sommes que deux. — C'est *zégal*, messieurs, c'est l'ordonnance, et je ne connais que l'ordonnance. — Silence, messieurs, disait-il aux élèves, en donnant une leçon d'exercice, n'oubliez point que l'immobilité est un des plus beaux mouvemens de la manœuvre. »

Les règlemens ordonnaient aux élèves sortis par permission de rentrer à huit heures, et d'inscrire leurs noms chez le Suisse. L'un d'eux, s'étant retardé et voulant échapper à la punition, eut la plaisante idée d'écrire le mot *Bucéphale* au lieu de son nom. Le lendemain, à l'ordre, le capitaine dit aux élèves : « Messieurs, il y a un M. *de Bucéphale* qui est rentré hier soir une heure plus tard que l'ordonnance, il est prié de s'avancer. » Personne ne s'avance, et tout le monde

victime chaque soir un salon par l'insipide lecture
de ses œuvres, qu'il ne fait point imprimer dans
la crainte de ne plus les lire ; j'espère que voilà
un gibier de théâtre. L'autre jour, chez la comtesse Marie, il nous menaça d'un dialogue des
morts entre Voltaire et un archimandrite russe ;
grande consternation dans l'assemblée, mais,
d'ailleurs, les politesses d'usage, car la société
est un mensonge perpétuel ; on prit jour. Lorsque l'auteur fut parti, la princesse Natalie s'é-
cria : « Ah! le malheureux ! de quoi s'avise-t-il?
Pour l'archimandrite, je ne dis pas, mais faire
parler Voltaire, pauvre Lecturoff! — Ne croyez
point qu'il ait été embarrassé, répondit froide-

éclate de rire. Le suisse est appelé et parcourt les rangs
pour reconnaître le Bucéphale ; impossible. Ce nom resta
au commandant ; il l'entendait toujours marmoter aux
élèves ; fatigué de ce sobriquet, il prend un jour à part
un petit jeune homme dont l'extrême douceur garantis-
sait la sincérité de sa réponse : « Mon petit ami, lui dit-
il, vous êtes moins farceur que les autres, parlez-moi
franchement ; qu'est-ce que c'est que ce Bucéphale dont
on m'étourdit depuis plusieurs jours ? — Bucéphale ?
reprit l'espiègle d'un air ingénu, c'était un maréchal de
France, qui servait sous Alexandre-le-Grand. — Ah! il
n'y a rien à dire, et, en m'appelant ainsi, ces messieurs
me font beaucoup d'honneur. »

ment le prince Vladimir, vous verrez qu'il aura supposé que le châtiment de Voltaire est d'être fort bête dans l'autre monde; dès lors, rien de plus facile à Lecturoff que de le faire parler.

» Nous avons aussi un baron *Insinuansky*, très-justiciable de la comédie; avez vous jamais rencontré un homme plus ravi d'être baron que celui-là! Sa vie fut très-occupée, il a visité plusieurs champs de bataille le lendemain de l'action, et il vous dit très-exactement tout ce qui s'est passé la veille; il s'est glissé dans quelques intrigues de chancellerie sans être ambassadeur ni secrétaire de légation : de plus, il a jugé sans être juge, prêché sans être abbé, marié beaucoup de gens sans être notaire; il a composé des vers sans être poète, et dépensé beaucoup d'argent sans en avoir; enfin, le baron a fait une foule de choses en amateur et point en artiste; on l'a employé à tout, sans jamais le nommer à rien, c'est peut-être très-injuste, mais la vraie philosophie le soutient, personne ne lui conteste qu'il est né, qu'il vivra et qu'il mourra baron : cette certitude le console de tous les mécomptes.

» Maintenant, ajouta le malin observateur,
ne faisons pas le tort aux femmes de les oublier;
notre poète Kniajuin a imité le *Glorieux* de Des-
touche; et quelques rôles ajoutés à ceux de l'auteur français, font beaucoup regretter que sa
composition ne soit pas entièrement originale.
Pourquoi un homme habile ne s'aviserait-il pas de
peindre une comtesse de *Tuffiéres*? Mme ****
pose si bien!! ne dirait-on pas que le jour elle
habite les nuages, et que, le soir, elle nous fait
trop d'honneur, en daignant descendre jusqu'à
nous? Sa démarche est altière, son regard im-
périeux, elle ne parle qu'à certaines personnes,
et ne répond point aux autres; elle ne manque pas de beauté; on prétend même qu'elle a
de l'esprit, mais à quoi tout cela lui sert-il? On
ne saurait l'aimer, et ce qu'il y a de pire, on se
moque d'elle : ainsi elle se donne une peine horrible pour soutenir un rôle très-fatigant, sans
obtenir d'autre résultat que la haine des uns et la
pitié des autres. Dernièrement, l'ambassadeur
de Perse la prit pour l'impératrice : l'erreur n'é-
tait point flatteuse pour notre modeste *Elisabeth*,
c'était confondre le paon avec la colombe; on répondit à l'ambassadeur, qu'en Europe les sou-

veraines ont de la dignité et point de morgue. Si
ce Persan eût été un petit neveu d'Usbek, il aurait
compris la subtilité de cette distinction. Conve-
nez que notre comtesse de *Tuffières* pourrait devenir le sujet d'une petite comédie intitulée *la
Dame aux grands airs ;* on la reconnaîtrait d'autant
mieux que nos hautes et puissantes dames se
distinguent, comme vous l'avez remarqué, par
cette simplicité de bon goût qui va si bien à
toutes les femmes, même quand elles ne sont
point grandes dames.

» Ne pourrait-on pas aussi faire justice de
cette nonchalance, de cette inquiétude de caractère et de cette passion du *far niente* qui
maîtrise plusieurs de nos jolies Russes? la journée d'une princesse vivant à l'asiatique serait
un fort bon cadre. Nous verrions cette beauté
se faire servir par vingt esclaves plus soumises les
unes que les autres; dans l'espace d'un quart-
d'heure elle sonnerait dix fois pour donner des
ordres contradictoires. Courant sans but dans
tous les magasins de la ville, elle rentrerait
épuisée de langueur, et resterait étendue sur
son canapé, sans se donner la légère fatigue de
la lecture d'un roman, ou d'un feuilleton. Le

soir, elle s'habillerait pour aller au bal, non
dans l'espoir de s'amuser, mais seulement pour
dépenser quelques heures. Entourée de tout ce
qui doit charmer la vie, elle se plaindrait de tout,
aurait peur de tout et ferait coucher deux pauvres petites femmes de chambre en travers de
sa porte, pour être mieux gardée durant son
sommeil. L'auteur rattacherait à ce portrait
négligé, un pauvre mari chargé du soin de toute
la maison, quelques incidens, comme des enfans
gâtés et de grands embarras d'argent, etc., etc.
Tout cela, traité gaîment, offrirait des couleurs
originales, car notre princesse ne serait ni une
Célimène, ni une coquette corrigée, ni une madame de *Clainville*; ce serait une femme bien
paresseuse et bien ennuyée, vivant comme une
esclave du sérail, et abjurant volontairement
son esprit, sa grâce et ses devoirs de mère et
de maîtresse de maison. Pour dénouement et
pour moralité, on verrait ce qui se voit ici très-
souvent, une immense fortune s'écrouler sous
le poids du désordre et des hypothèques, et toute
une famille forcée de s'exiler dans une terre bien
éloignée et bien sauvage.

Mais, dit le prince, je quitte le rôle d'observateur, pour revenir à des idées générales ; nous n'aurons jamais un Molière, pas même un Goldoni, tant que les femmes du haut parage n'useront point de notre dialecte en société ; la plupart sont aimables, spirituelles et éclairées, elles seules pourraient donner à notre langue la politesse et l'urbanité qui lui manque ; sans ce puissant secours, comment créer ces formes élégantes et ces expressions choisies qui font tout le charme et la vivacité des conversations : c'est alors seulement que les auteurs pourraient mettre en harmonie le langage de la société et du théâtre (1).

Pendant la minorité de Louis XIV, les courtisans parlaient beaucoup l'italien, pour plaire à la reine mère ; supposez que cette manie passagère eût prévalu, adieu *les Femmes savantes* et *les Précieuses ridicules*, adieu même le *Misantrope* ; le génie de Molière était étouffé par l'usage d'une langue usurpatrice ; toute sa gloire

(1) Un habitant de Vienne adressa un jour cette question à un Russe : « Monsieur, y a-t-il un théâtre à Pétersbourg ? — Oui, répartit le Russe, mais il n'y a personne d'assez ignorant pour demander si vous avez un théâtre à Vienne. »

se fût bornée à faire plus ou moins bien le lit du
Roi.

Cependant faut-il, dans l'intérêt d'un avenir
très-incertain et dans l'espoir peut-être chimé-
rique d'obtenir une demi-douzaine de chefs-
d'œuvre, renoncer à l'emploi d'une langue chár-
mante, qui nous plaît ? une révolution complète
dans la manière de s'énoncer est une entreprise
plus difficile que ne le pensent nos lettrés et
nos doubles russes ; un peuple relégué à une des
extrémités de la terre et souvent exposé à un
profond ennui par la sévérité de son climat, doit
tenir plus que tout autre à la conservation de
ses jouissances. Nous parlons français en naissant et en mourant, nous pensons en français ;
comment déraciner cette douce habitude ? si
c'est un tort, il nous plaît d'avoir tort ; ce fut
un travers de nos pères, probablement nos descendans l'auront aussi, il peut se faire que la fin
du monde surprenne les Russes parlant français.

» Lors de mon dernier séjour à Paris, dînant
chez le ministre de Bavière, je me trouvais
placé près d'un de vos savans ; il discutait beaucoup sur une des *îles Sandwitch*, où la noblesse
et le peuple parlent deux langues qui n'ont pas

la moindre affinité : il trouvait cela monstrueux.
Je lui demandai s'il croyait que cet usage fît le
malheur de l'île et fût une cause de désunion
entre les habitans : « Non, me répondit-il. —
Eh bien! en ce cas, laissez-les dire; quand ce
qui fait plaisir à tout le monde ne fait de mal à
personne, on serait bien fou de s'en inquiéter.
Sans aller si loin que l'Océan oriental, chez
vous, n'y a-t-il pas presque autant de patois
que de provinces, et cette différence de langage sème-t-elle le désordre dans les diverses
classes? Si vous nous faisiez l'honneur de venir
en Russie, vous nous entendriez dire, *bonjour*,
et le peuple *drasti;* nous disons *à droite*, *à gauche*, et les paysans *naprava*, *naléva*, cela ne
fait ni froid ni chaud; nos mougiks n'ont jamais
trouvé mauvais que nous parlassions une langue
étrangère; quand nous sommes humains, bien-
faisans et généreux avec eux, ils nous com-
prennent toujours, voilà l'essentiel. »

Ici finit ma longue conversation avec le prince
Jean ; c'est un éclaireur très-précieux pour un
étranger ; nous nous convenons et nous nous
recherchons parce qu'il aime à causer et que
j'aime encore plus à l'entendre. Il est très-spi-

rituel, il a beaucoup vu, et possède cette vraie
philosophie qui éclaire la raison, et fait juger
avec impartialité le fort et le faible de son pays.

L'amour du théâtre devint une fureur dans
les premiers tems de la nouveauté de ce plaisir;
en Russie le goût des jeux de l'esprit se déve-
loppa avec une inconcevable rapidité; déjà fa-
miliarisés avec notre langue ils saisissaient
toutes les finesses de la scène; pas un trait de
malice ou de sentiment n'échappait à leur saga-
cité. M. de Lachétardie, alors ambassadeur de
France, prétendait que leur intelligence de nos
chefs-d'œuvre tenait du prodige; en effet, comment expliquer qu'un public placé à une aussi
grande distance des mœurs et des ridicules
qu'on représentait, pût démêler les intentions
de l'auteur, et saisir les plus fines allusions, si
ce n'est par une rare délicatesse de tact et
d'esprit?

Les spectacles publics ne suffisant point à
l'empressement général, les plus riches seigneurs voulurent avoir des théâtres particuliers
et une troupe à leur solde; on en comptait ici
plus de trente. C'était à qui se procurerait les
meilleurs acteurs et le meilleur orchestre : cette

ingénieuse magnificence variait les plaisirs de
la capitale sans nuire aux grands théâtres qui
ne jouaient point tous les jours. Les raffinemens
du luxe, et le besoin des ruineuses nouveautés,
n'avaient pas encore énervé les fortunes; elles
pouvaient suffire à une prodigalité dont l'esprit
faisait au moins son profit.

Ce goût suivait les grands seigneurs dans
leurs terres; la troupe comique marchait avec
eux; on m'a cité un courtisan qui, sous le
règne de l'empereur Paul, ayant éprouvé quelque rebuffade, se retira à la campagne. De tous les
plaisirs il ne regrettait que les belles représentations de l'Hermitage; la première chose dont
il charma son exil volontaire, fut la construction d'une salle d'après les plans du théâtre de
la cour. Il avait recruté avant son départ une
troupe de comédiens; bientôt, sauf les spectateurs, rien ne manqua à sa satisfaction, mais
tout l'or du monde ne pouvait lui donner un
public. Quelques voisins se rendaient à ses
pressantes invitations : cela se bornait à trente
ou quarante personnes, dispersées dans une
salle assez grande; le spectacle était triste et
froid. J'ai dit que les Russes détestent les dif-

ficultés; ils désirent si ardemment qu'ils parviennent à rendre tout possible ! Notre *impressario* imagina de faire confectionner deux cents mannequins, richement vêtus, dans les costumes des dames et officiers de la cour; toutes les grandes charges avec leurs décorations étaient représentées; derrière chaque mannequin on plaçait un *mougik* qui, au signal donné, applaudissait pour donner un air de vie à ce public trop calme.

Les comédiens soldés devinrent trop dispendieux ou trop rares; quelques amateurs, ne pouvant se passer de cette distraction, formèrent une troupe composée des enfans de leurs paysans qu'ils firent élever en conséquence; par là ils se délivraient de la superbe et des exigences des comédiens de profession. Beaucoup de nos pièces, traduites en russe, et quelques pièces originales, sont jouées par ces amateurs *obligés* très-passablement, c'est-à-dire avec une honnête médiocrité : *que faut-il davantage* au milieu des bois?

Un Français émigré me racontait qu'étant allé dans la terre d'un riche sénateur, à cent werstes de Moscou, il assista le soir à un grand

repas où se trouvaient réunies toutes les notabi-
lités du voisinage. En sortant de table on se
rendit au spectacle : le lendemain, à la messe,
l'étranger s'étonna de retrouver, dans les chanteurs de la chapelle, des figures de connaissance ; il crut se tromper, mais le soir au bal
sa surprise fut au comble, lorsque parmi les
joueurs d'instrumens il reconnut les visages du
matin qui étaient encore ceux de la veille. Le
sénateur s'amusa de son étonnement, puis s'approchant de lui : « Vous trouvez, lui dit-il, un
air de famille à tout ce monde ? mais il y a une
bonne raison pour qu'ils se ressemblent ; ces
braves gens, qui servent nos plaisirs, sont toujours les mêmes personnes ; hier ils jouaient la
comédie, aujourd'hui vous les avez vus musiciens sacrés et profanes ; j'ai commandé une
chasse pour demain, vous les retrouverez mé-
tamorphosés en piqueurs, et dans nos repos, ils
exécuteront des symphonies avec des cors.
N'admirez-vous pas la diversité de talens de
nos *maîtres Jacques?* Ils sont presque tous nés
dans ma maison ; je les ai fait élever avec soin ;
leur mémoire s'exerça de bonne heure ; leur
voix fut cultivée ; plusieurs jouent de tous les

instrumens. Eh bien! nous devons leurs progrès
dans les arts, moins à leur parfaite obéissance
qu'à l'admirable mobilité d'organes et au bonheur d'imitation qui caractérisent notre peuple. »

Ces troupes d'artistes amateurs, étant ac-
coutumées dès l'enfance à une grande politesse,
ne laissent échapper aucune occasion de la manifester. Un jour on représentait une tragédie
chez un gentilhomme campagnard ; au moment
où le tyran allait poignarder sa maîtresse, le
seigneur éternua comme on éternue à la campagne, c'est-à-dire très-bruyamment : aussitôt
l'action théâtrale fut suspendue; tous les acteurs,
s'avançant vers la rampe, saluèrent profondément leur seigneur. Ce devoir rempli, le tyran,
remontant à la hauteur de son rôle, se précipita vers la princesse et la tua avec toute la fureur convenable.

Il ne faut pas croire que les jouissances dra-
matiques soient répandues sur tous les points de
l'empire ; dernièrement, un petit commandant de
place arriva à Pétersbourg du fond d'un gouvernement éloigné ; jamais il n'était entré dans une
salle de spectacle, mais il avait entendu dire que
le théâtre est l'école des mœurs et de la poli-

tesse. Il assista le soir même à la représentation
d'une tragédie , où , comme de juste, on donne
le titre de seigneur aux premiers personnages ;
il crut que dans sa province tant soit peu sauvage on ignorait les bonnes manières , et le voilà
qui le lendemain traite *de seigneur* toutes les personnes qu'il rencontrait. On eut beaucoup de
peine à le faire descendre au simple titre *de*
Monsieur.

TROIS ÉMIGRÉS.

Mémoires de Fouché ; audience que ce ministre donne à la marquise ***. — Radiation qu'obtint un mari amant. — Le lieutenant-général de Roth, émigré francais au service de la Russie. — Son entrevue avec son père. — Déception de M. de La Coudraye.

Quelquefois un courrier de dépêches arrive plus chargé de bonnets et de romans que d'instructions ministérielles. La diplomatie de tous les pays aime souvent à se rendre agréable, pour se venger de n'être pas toujours utile (1).

(1) Le comte G***, ministre de Russie près la cour de Naples, avait beau se creuser la tête pour assembler les matériaux d'une dépêche, rien ne se présentait : il y avait une monotonie et une tranquillité désespérante à la cour et dans les affaires. Enfin on signala une frégate anglaise dans les eaux de Naples; voilà un sujet pour sa première dépêche. Il annonça l'apparition de cette frégate ;

Depuis huit jours, nous devons à cette complaisance les *Mémoires de Fouché*, dont la lecture est devenue le texte de toutes les conversations. Hier, chez la princesse Natalie, un ministre étranger s'étonnait que l'auteur de ces Mémoires eût omis une scène piquante qu'il nous raconta.

« Lorsque Bonaparte conçut l'habile projet de rouvrir la France aux émigrés, les demandes en radiation abondèrent dans les bureaux de la police; Fouché, alors à la tête de ce ministère, se permit quelquefois des singularités dignes des tems où l'on savait rire. Dans les innombrables pétitionnaires, se trouvait une femme d'émigré, qui se consumait en démarches, sans obtenir de résultats; ses instances duraient depuis un an, et on ne lui avait pas même accordé une audience. Désolée de cette rigueur, qui semblait n'exister

dans la seconde, la frégate faisait voile pour la Sicile; dans la troisième, elle avait changé de projet et s'établissait en croisière, etc., etc., etc. A la sixième dépêche, le ministre sentit le ridicule de ces frivoles procès-verbaux, et termina familièrement sa lettre au ministre en ces termes : « Quant à la frégate, qu'elle aille au diable, je ne m'en mêle plus et je ne vous en parlerai plus. »

que pour elle, la marquise de C***, cessant d'être
modérée dans sa correspondance avec le ministre, exprima très-nettement son dépit. Les
coups de tête réussissent presque toujours auprès
des puissances; le lendemain, elle reçut une lettre
de rendez-vous pour le jeudi suivant. L'audience
était nombreuse, mais, enfin, la suppliante fut
introduite. « Madame, lui dit Fouché, vous avez
de l'humeur, beaucoup d'humeur, et vous me
l'avez montrée sans déguisement; eh bien! c'est
fort injuste, car, depuis un an, vous me devez
infiniment de reconnaissance. — Moi, monseigneur, pas la moindre; je n'ai pu parvenir à
vous intéresser au sort de mon mari, il languit
dans le fond de l'Allemagne. — Il languit, dites-
vous, madame, mais, vous, vous ne languissez
point, je le sais; vos habitudes sont celles d'une
femme dont le cœur se désole fort peu de l'absence d'un mari. — En vérité, monseigneur, je
ne comprends pas... — Ah! vous ne comprenez
pas, vous allez me trouver plus intelligible. Je
sais que, depuis un an, un homme, que vous
honorez de votre estime, vient chez vous, tous
les soirs, entre onze heures et minuit; il est

vrai qu'il en sort au point du jour ; les convenances sont assez bien observées... Pourquoi
pâlir... Ne craignez rien pour lui, je veux protéger celui que vous protégez vous-même. Il est
émigré ; il est rentré sans autorisation ; il court
donc des risques, voici sa radiation en bonne
forme. Désormais, vous pouvez le recevoir à
midi comme à minuit, à toutes les heures ; mais
lorsque je sauve l'amant, car il faut bien appeler les choses par leur nom, ne demandez
rien pour le mari ; je ne veux plus entendre parler d'un homme dont vous vous passez à merveille. » A ces mots, le ministre sonne, l'huissier fait entrer une autre personne, et la
marquise, tenant son papier d'une main trem-
blante, traverse les salons, prête à se trouver
mal. Installée dans son modeste fiacre, elle re-
cueille toutes ses forces pour lire le mystérieux
papier, et elle y voit... l'acte de radiation du
mari. Car, cet amant, cet homme à bonnes
fortunes, n'était autre que le marquis de C?***.
Pressé de rejoindre sa jeune et belle épouse, il
était rentré sans autorisation pour éviter la lenteur des formalités. »

Cette manière de rendre service est de très-bon goût; MM. de Choiseul et de Calonne n'eussent pas mieux fait.

Après Fouché, on parla de quelques émigrés, restés au service militaire de la Russie, entre autres de M. *de Roth*, officier-général très-distingué, appartenant à une famille alsacienne. Il était encore enfant lorsqu'il émigra avec son père, colonel dans le corps royal d'artillerie. Elevé au camp, il apprit à lire et à écrire, n'ayant pour pupitre que les tambours de son régiment. Le jeune de Roth prit très-vite le goût de la guerre; à treize ans il combattait avec valeur sous les ordres du prince de Condé. Un jour ce prince le remarqua, et le trouvant trop jeune, il proposa de l'envoyer au dépôt de la légion; l'enfant répondit d'un ton ferme : « Monseigneur, je ne me séparerai jamais de mon père : tant qu'il y aura des dangers, ma place est à côté de lui. » Le prince l'embrassa, et félicita son père.

En 1801, le jeune de Roth ne profita point du bienfait de la radiation; il suivit à Pétersbourg le chevalier de Chaumas, et obtint son admission au service militaire; on le nomma lieutenant, et lors de la guerre en Pologne, sa bravoure et son intelligence lui valurent le grade de capitaine. Plusieurs campagnes se succédèrent; enfin, survint la guerre contre les Turcs, où M. de Roth (1) fit des prodiges de valeur. En 1812, toute correspondance avec la France se trouvant interceptée, le père ne recevait plus de nouvelles de son fils, et n'avait aucune idée de son avancement; les vœux de ce bon père n'allaient point au de-là du grade de major. Cependant, au mois d'octobre 1814, il reçut enfin une lettre ainsi conçue : « Mal- » gré tout le désir que j'ai de vous embrasser » après une si longue absence, la rigueur du » service me prive de ce bonheur; mais le 23 je » partirai avec ma division pour *Manheim*, veuil- » lez vous y transporter, votre présence me » comblera de joie, etc., etc., etc. » M. de Roth arrive au rendez-vous et descend à la principale auberge : là, on lui dit que tout est retenu pour le commandant de la division russe;

(1) C'est ce même général de Roth qui vient de se couvrir de gloire dans les deux dernières campagnes contre les Turcs, où il commandait un corps d'armée de quarante mille hommes.

le voyageur insiste, alors on lui propose une
petite chambre sous les combles, il accepte
pour être plus à portée de trouver son fils. Enfin, le jour désiré arrive, une musique militaire
se fait entendre, le général paraît, escorté d'un
brillant état-major; le vieillard est sur la porte
de l'auberge, un officier lui désigne le général
commandant, c'était son fils. Celui-ci descend
de cheval et se précipite dans les bras de son père
en versant de douces larmes. Sa première question fut celle-ci : « Où logez-vous, mon père? —
Ici, mon fils, mais un peu haut. — Mon père,
toute la maison est à vous; c'est moi qui vous
demande la permission d'y loger. » Cette scène
fut vraiment touchante.

Lors de la rentrée de nos princes, quelques
Français, vieillis dans l'exil, se livrèrent aux
plus chères illusions; leur confiance était sans
limites, comme l'avaient été leurs souffrances;
ils croyaient à tout ce qu'ils espéraient. L'un d'eux,
M. de La Coudraye, disait naïvement : « Le roi
vient de rentrer dans son château, je dois rentrer dans le mien; notre fortune est liée à la
sienne; mais j'entends que mon manoir me
soit rendu tel que je l'ai quitté. Oh! là-dessus,

je serai inexorable, c'est l'affaire du roi, je ne m'en mêlerai pas; je veux retrouver tout en place, même le grand fauteuil de mon père. S'il me manque quelque chose, j'irai me plaindre au roi; j'ai fort heureusement conservé l'inventaire de mon mobilier, on ne pourra m'en faire accroire; l'heure de la justice sonne, maintenant je veux tout ou rien. » Le choix ne fut pas difficile. Ce bon M. de La Coudraye, retenu par quelques affaires, en 1814, ne partit que dans les derniers jours de février 1815. Son thermomètre politique n'avait pas baissé d'une illusion, il était ivre de joie; les premières paroles qu'il entendit prononcer sur le sol français lui causèrent un profond attendrissement. Soutenu par le postillon, l'heureux vieillard descendit de voiture et voulut baiser le sol natal. « France, dit-il, accueille un de tes plus vieux enfans, je vais enfin retrouver mon roi, et les sages libertés qui règnent avec lui. » Par une déception cruelle, il arriva à Paris le premier jour des cent jours. Au lieu de retrouver son château et l'antique fauteuil de son père, on lui offrit, pour indemnité, l'acte additionnel et les élucubrations du Champ-de-Mars. Un notaire,

son vieux ami, le regarda avec un profond
étonnement, et lui rit au nez, lorsqu'il parla de
ses baldaquins et de sa vieille pendule. En sortant de l'étude, il fut coudoyé par un groupe
de frères et amis se rendant au Carrousel ;
précédés d'un mauvais tambour. Dans leurs traits
féroces, il crut retrouver les sinistres figures
de 93 (1). Cet aspect le glaça de terreur, il est

(1) La frayeur que causèrent à ce bon vieillard ces
visages de 93 qui sortent de je ne sais où dans les tems
de crise, me rappelle qu'après la rentrée de Bonaparte aux Tuileries, en 1815, ce général vit, le surlen-
demain, s'avancer jusqu'au pied du château un attrou-
pement de misérables dont l'aspect lui fit horreur. « Ces
gens-ci n'agitent point leurs *mouchoirs*, dit-il aux personnes qui l'entouraient. — Il faut les excuser, sire, répartit un des courtisans, ces MESSIEURS n'en ont point. »
Le beau Dillon avait émigré, on continua de dire
le *beau Dillon*, mais lui ne continua pas d'être beau : il
avait prodigieusement changé, lorsqu'une dame qui ne
le connaissait point, se trouvant à côté de lui dans une
nombreuse assemblée de Berlin, lui adressa par hasard
cette question : « Monsieur, qu'est devenu le beau Dillon dont on nous a tant parlé ? — Hélas ! madame,
répliqua-t-il, M. Dillon est dans cette ville, il a même
l'honneur de se trouver en ce moment près de vous,
mais le *beau* Dillon est resté en France. »
Quand le général Bournonville fut fait prisonnier

permis d'être faible et timide quand nos cheveux blanchirent dans l'étranger.

M. de La Coudraye s'empressa de rejoindre
l'abri hospitalier qu'il trouvait chez un seigneur
russe; le voyage fut pénible et long. Il avait
trouvé des forces pour revoir la patrie, il ne lui

par les Autrichiens, il passa devant un groupe de cinq
à six cents émigrés pour se rendre au quartier-général.
Une voix s'écria : *à bas le plumet rouge.* M. de Bournonville , se retournant aussitôt, dit avec vivacité :
« Monsieur, je ne désespère pas de le porter encore
blanc. » Les événemens rendent ce mot très-remarquable dans la bouche d'un maréchal qui a fait partie
du gouvernement provisoire, lors de la rentrée des
Bourbons.

Un Français émigré, et sans ressources dans les premiers tems de son séjour ici, avait pris la singulière habitude d'enlever la cire qui coule autour de la bougie;
il renouvelait ce manége dans tous les salons, et au bout
de l'année, cela lui donnait un petit revenu. Il trouvait
aussi le moyen d'utiliser ses courses, en ramassant soi-
gneusement tous les morceaux de ferraille qu'il rencontrait sur son chemin; c'était une sorte de monoma-
nie. Sa fortune s'améliora; on n'est pas long-tems malheureux en Russie, quand on sait faire quelque chose;
mais ses habitudes de cire et de ferraille continuèrent.
Lorsqu'il mourut, on trouva dans sa cour, un amas de
vieux fers qui produisit une somme assez considérable.

en restait point pour la fuire de nouveau. Enfin,
par une dernière fatalité, il arriva ici le jour
même où l'on publiait la nouvelle de la rentrée
du roi dans sa capitale. « Dieu n'a pas voulu,
disait-il à ses amis, que je terminasse mes jours
sous le toit paternel; je lui offre ce dernier sacrifice et cette amère douleur, comme une
expiation de mes fautes. » Deux ans après, ce
vénérable vieillard expira en faisant des vœux
pour le pays qui ne lui avait rien rendu.

— N° LII. —

PÉTITIONS A L'EMPEREUR.

On peut arriver jusqu'à l'empereur, beaucoup plus aisément qu'auprès des présidens et ministres des républiques fraîchement écloses sur les rivages américains, non par la voie d'une audience, mais par la correspondance. On est certain qu'une supplique, une lettre, une plainte remise le matin, parvient au monarque dans la soirée. Cette institution est toute paternelle ; deux voies sont ouvertes aux écrivains ; la plus usitée est celle du maître des requêtes, M. Kikine, chez lequel on dépose sa lettre cachetée, avec ces mots sur la suscription : « *A S. M. l'empereur Alexandre* (1), *etc.*, *etc.* »

(1) Un artiste fort distingué, et arrivant tout nouvellement de Russie, m'a communiqué des notions très-curieuses sur un monument que la piété de l'empereur Nicolas élève à la mémoire d'Alexandre sur la

Et au bas , « *de la part de M.......* » Si on remet soi-même cette lettre à M. Kikine, il ne
vous adresse aucune question, il n'en a pas le
droit. Un de mes compatriotes voulant un jour
lui expliquer le motif de sa lettre, ce magistrat,
très-brave homme, mais un peu bourru, lui dit
sèchement : « Monsieur, vous prenez une peine
inutile ; vous désirez que votre lettre soit remise
à l'empereur, n'est-ce-pas ? Eh bien! elle le sera
aujourd'hui même. »

Veut-on s'exempter de la filière de M. Kikine,
et éviter tout intermédiaire, on part pour

place du Palais-d'Hiver, en face de l'Arc de triomphe.
La colonne Alexandrine aura cent cinquante-quatre
pieds de hauteur. Son fût sera en granit rouge poli,
d'un seul morceau, ayant quatre-vingt-quatre pieds de
hauteur : on le taille déjà dans la carrière où furent
exploitées les quarante-huit colonnes de l'église de
Saint-Isaac, dont j'ai parlé dans la première partie de
mes souvenirs russes. Le piédestal de cette colonne, et
sa partie supérieure, seront en bronze provenant des
canons pris dans la dernière campagne contre les Turcs;
les bas-reliefs représenteront les faits les plus mémora-
bles du règne d'Alexandre : une statue de la Religion,
tenant une croix, couronnera cette colonne. Une création de ce genre doit surpasser tout ce que l'antiquité
nous laissa de plus admirable. Jamais la patience des

Tzarskoëselo ; on se présente au bureau de poste de Sainte-Sophie. Le directeur reçoit votre lettre, et vous fait signer au registre comme écrivain de la dépêche ; cette formalité remplie, il prend un air riant et vous demande un billet de dix roubles ; on le lui donne sans trop s'inquiéter s'il a le droit de prélever ce tribut. Lorsque l'empereur est dans sa résidence d'été, la lettre lui parvient avant l'expiration de l'heure ; sinon, elle est renvoyée à Pétersbourg ou dans tout autre lieu qu'habite S. M.

J'ai fait avec succès l'expérience de ces deux voies ; le lendemain du jour où j'avais remis une

---

Egyptiens ne s'éleva jusqu'à l'exploitation d'un seul morceau de granit d'une dimension de quatre-vingt-quatre pieds ; ce sera le *monolithe* le plus extraordinaire qui ait jamais existé. Plusieurs plans de monumens furent mis sous les yeux de l'empereur par divers architectes : S. M. accorda la préférence à celui dont nous venons de parler, et dont l'auteur est ce même M. de Montferrand chargé de la construction de l'église d'Isaac. Notre compatriote va encore ajouter à sa gloire par cette nouvelle et grande conception ; il sera très-remarquable que le même artiste, sur le même emplacement, ait simultanément dirigé l'exécution de deux monumens destinés à frapper d'admiration la postérité la plus reculée.

lettre , par *Sainte-Sophie* , l'empereur vint dans
une maison où il me fut dit le soir , que S. M.
avait parlé de l'objet dont je prenais la liberté
de l'entretenir ; l'autre voie ne me réussit pas
moins bien.

C'est une belle et bonne faculté que celle de
faire atteindre si haut et en si peu de tems une
prière, une réclamation ou un accent de la douleur. Cette institution est un frein salutaire pour
les agens du pouvoir, une consolation pour les malheureux, et une source d'espérance pour les
opprimés. Le ministre le plus puissant ne peut
obstruer ces deux avenues du trône ; elles restent libres , et de tous les points de cet immense empire , la vérité arrive jusqu'au souverain, qui ne la redoute point.

Peut-être me demandera-t-on si la réponse
revient avec la même vitesse, si le succès couronne immédiatement une demande juste, si
un tort est redressé aussitôt qu'il est dénoncé.
Avant de résoudre cette question , j'adresserai
celle-ci : « Croit-on au retour du règne
d'Astrée? »

C'est ainsi que l'empereur s'affranchit de lat
corvée des audiences ; il n'en donne point , et

vainement on les solliciterait. Cette restriction est excessivement commode pour un souverain, mais elle l'est un peu moins pour ses sujets.

Paul Ier fit établir, dans son palais, une boîte aux lettres (1); le tuyau correspondait à un cabinet dont lui seul avait la clé; plusieurs personnes durent à cette ingénieuse pensée, un prompt adoucissement à leurs souffrances, entre autres, M. Hyacinte de Gaston, l'estimable traducteur de *l'Enéide*; il confia à cette boîte miséricordieuse une épitre en vers, dans laquelle il révélait gaîment son infortune. Le lendemain, il reçut 500 roubles (alors 2,000 fr.) et le brevet d'une pension. Paul Ier aimait beaucoup les gens de lettres et les plaisirs de l'esprit; autre tems, autres mœurs.

Mais, si l'empereur n'admet que rarement devant lui les plaignans et les solliciteurs de grâces (par exemple, dans le cas où des paysans

(1) Cette boîte, source d'un grand nombre de bienfaits, n'exista pas long-tems; elle devint le canal de tant d'atroces calomnies, et de tant d'injures à la personne même du souverain, qu'il fallut la supprimer. Les mauvaises gens parviennent toujours à gâter les meilleures choses.

viennent par députation du fond de leur province
pour implorer sa justice), sa majesté se donne
quelquefois le plaisir d'accorder audience aux
beaux-arts. Mme Catalani et M. Boucher obtinrent cet honneur. Ce dernier fut appelé ainsi
que sa femme, qui a un talent très-distingué sur
la harpe. Lorsqu'ils se rendirent au palais d'hiver, on les introduisit dans un petit salon, où
ils n'eurent pour spectateurs que l'empereur et
l'impératrice Élisabeth. Dans les courts intervalles de ce petit concert, Alexandre tisonnait
et alimentait le feu lui-même ; il aidait à placer
la harpe, enfin il cherchait à se rendre utile,
comme pourrait le faire un châtelain mélomane,
qui aurait la satisfaction de posséder dans son
manoir deux artistes renommés. Cette simplicité fut trouvée de si bon goût par M. Boucher,
que le lendemain, lorsqu'on lui demanda quelles
personnes assistaient à ce concert, il répondit ;
« Les deux ménages, tout simplement. »

Ici, le public rendit hommage au talent
extraordinaire et à l'originalité des compositions
de M. Boucher, ainsi qu'à la hardiesse de son
jeu. Il faut aussi lui savoir gré de son empressement à faire la part des pauvres; ce célèbre

artiste fut devancé à Pétersbourg par le récit
d'un trait qui l'honore beaucoup. En quittant
une ville de Prusse, il rencontra sur sa route
un village qui venait d'être brûlé; aussitôt il
rebrousse chemin, rentre dans la ville, et annonce un concert au profit des incendiés. Tout
le monde voulant concourir à cette bonne œuvre,
la recette fut abondante, et les malheureux
villageois relevèrent pour ainsi dire leurs murs
aux sons mélodieux de ce nouvel Amphion.

J'ai déjà parlé du prince Volkonsky, j'y
reviens encore : un jour, après un travail de
plusieurs heures avec Alexandre, le monarque
et le favori, également fatigués, cherchaient une
distraction dans ces propos frivoles et décousus
qui souvent succèdent aux intérêts les plus sérieux dans le cabinet des rois. On vint à parler
des grandes richesses de plusieurs seigneurs
russes. Tout à coup Alexandre dit : « Et toi,
Volkonski, quelle est ta fortune ? » Ce dernier
répond avec sa franchise ordinaire sans dimi-
nuer ni augmenter son avoir, et cet avoir est
très-modeste pour un prince russe. L'empereur
saisissant la bizarrerie de ce contraste d'une mince
fortune avec vingt années de faveur et l'impor-

tance des emplois qu'occupait le prince , se mit
à éclater de rire ; la surprise que lui causait un
désintéressement si peu commun , en Russie et
partout, épanouissait la rate du souverain ; il
plaisanta beaucoup son ami, et l'hilarité se prolongea jusqu'à la fin de la séance.

On prétend que, pour compléter l'originalité
de la chose , il ne résulta aucun changement de
fortune de l'*auguste* éclat de rire ; il faut donc
surnommer le prince Pierre Volkonsky , le favori
introuvable et inimitable (1).

En 1814 , Alexandre , causant intimement
dans un salon de Paris, dit que, s'il lui eût
été donné de choisir sa place dans ce monde , il
aurait beaucoup mieux aimé l'existence d'un propriétaire jouissant de 100,000 f. de rente , et les
dépensant un peu partout, que celle d'empereur
des Russies ! Une dame répartit vivement : « Ah !

(1) Ce même prince est aujourd'hui ministre de la
maison de l'empereur. Les ministres en Russie ont
de très-faibles appointemens ; il est donc très-pro-
bable , d'après le caractère d'honneur et d'intégrité du
prince Pierre, que, dans une quinzaine d'années, après
un travail de cabinet , le souverain actuel aura une occasion de rire avec son ministre , toute pareille à celle
qui fit rire Alexandre avec son favori.

sire, je le crois bien ; vraiment, vous n'êtes pas difficile, vous choisissez tout juste ce qu'il y a de mieux ici-bas, les plaisirs de la liberté, et la faculté de faire un peu de bien en s'amusant beaucoup. » Tout le petit cercle fut de l'avis du souverain, et, cette fois, c'était sans flatterie.

Cette simplicité de goûts dans le maître d'un grand empire, suppose des idées très-justes sur plusieurs élémens du bonheur de famille : un jour, Alexandre venait d'assister aux exercices des demoiselles nobles, institut dirigé, comme presque toutes les maisons d'éducation ou de bienfaisance, par les impératrices. En sortant de la séance, il dit à sa mère : « Je ne saurais donner trop d'éloges à la tenue de cette maison ; toutes vos jeunes filles ont un maintien plein de décence et de grâce ; leur instruction me paraît bien dirigée ; et, en général, elles chantent et dansent parfaitement ; mais, me permettrez-vous de vous adresser une question : lorsque à l'age de 17 ans révolus, terme fixé pour la fin de l'éducation, vos élèves rentrent dans leurs familles, ont-elles quelques élémens de l'administration du ménage ? Savent-elles les ouvrages d'aiguille ? Connaissent-elles le prix

des objets de consommation, celui des achats
d'étoffe, etc. etc. Enfin, dans cet institut de
demoiselles nobles, ne néglige-t-on pas un peu
la science la plus nécessaire à toutes les femmes,
celle de remplir dignement les devoirs d'épouse
et de mère de famille?

On dit que l'impératrice Marie, frappée de
ces réflexions inattendues, mais justes, loua
beaucoup la prévoyance de son auguste fils, et
que, de ce moment, on appliqua (1) au système
d'éducation des demoiselles nobles, les mêmes
principes d'économie domestique qui dirigent
celle des Enfans trouvés, et qui sont rapportés
dans le second volume de cet ouvrage ; si ce
plan est suivi avec constance, les grandes familles russes jouiront bientôt d'une amélioration
sensible dans l'administration des fortunes, et
ce bonheur, très-positif, sera dû aux idées sages
d'un souverain qui place au second rang les talens brillans que tant de modestes bourgeoises

(1) Tour à tour une des grandes pensionnaires est
chargée du gouvernement de la maison : achats et emploi des provisions, règlement des comptes, cuisine,
office, lingerie, pharmacie, tout est soumis à son ins-
pection, qui est suivie d'un rapport écrit à la supérieure.

font passer en première ligne dans l'éducation très-incomplète de mesdemoiselles leurs filles.

L'institut des demoiselles nobles se compose de huit cents pensionnaires ; celui de Sainte-Catherine, formé sur les mêmes bases que le couvent de Smolna, n'en a que deux cent cinquante. Jeudi dernier, on y donnait une fête dont malheureusement les hommes étaient exclus. Ma femme s'y rendit avec Mme l'ambassadrice de France, et une dame russe mère d'une des élèves. Le lecteur jugera de la vivacité de mes regrets par le dialogue que je mets sous ses yeux :

« Mon cher ami, me dit ma femme en rentrant, j'arrive de France, et mieux que cela, de la France de Louis XIV. Je suis transportée, ravie, l'illusion fut complète, et jamais je n'ai été plus fière de mon pays que dans cette soirée. — Eh bien! quoi donc? qu'avez-vous vu? — Ce qu'on ne saurait voir nulle autre part; nous sommes dans la région des prodiges, des enchantemens. — De grâce, calmez-vous, et dites-moi... — Figurez-vous que dans cette nombreuse assemblée, où quelques pères s'étaient glissés furtivement, je cherchais Louis-le-

Grand, madame de Maintenon, Racine, enfin,
je croyais voir le grand Condé applaudissant le
grand poète. — Allons, ma chère amie, faites
que je vous comprenne. — C'est moins facile
que vous ne pensez ; il y a des émotions qu'on
ne peut rendre. — Eh bien ! passez les émotions
et racontez-moi les faits. — Figurez-vous le
spectacle le plus ravissant, et qui avait pour
moi tout le charme de la surprise. Les élèves de
Sainte-Catherine ont représenté Athalie avec
une grâce, une pureté d'organe, une intelligence et une sensibilité, enfin, avec un
charme digne du beau siècle et de notre premier poète. Vous connaissez les principaux acteurs. Le rôle d'Athalie était joué par Mlle Plé-
cheyeff, Abner par Mlle Davidoff, et Josabeth
par Mlle Swistinoff. Zacharie, Eliacim et Joas
avaient de charmantes figures. Rien de si doux
pour des oreilles parisiennes, que d'entendre ces
bouches virginales réciter les plus beaux vers de
Racine à huit cents lieues du sol qui s'en glorifie.
Ces jeunes personnes ont joué avec un ensemble,
une entente de convenances théâtrales, qui me
confondait d'étonnement ; pour compléter le
prestige, les chœurs d'*Athalie* ont été chantés

et des danses nationales terminèrent cette brillante soirée. Voilà, monsieur, ce que j'ai vu,
et ce qui justifie parfaitement mon enthousiasme. »

La ville de Moscou possède aussi des instituts
modelés sur ceux de Pétersbourg ; ainsi on peut
évaluer à trois ou quatre mille le nombre des
jeunes filles qui sont élevées dans les maisons
de la couronne, en y comprenant les établissemens ouverts à la bourgeoisie, aux orphelins et
aux enfans des défenseurs de la patrie.

Je ne finirai point ce chapitre sans citer deux
anecdotes qui ne sont point connues ; l'une se
rattache à Louis XVIII, et l'autre à un diplomate russe ; toutes deux me furent racontées
par un homme très-véridique.

Dans le mois de décembre 1813, M. ***,
diplomate russe fort habile, fut expédié vers un
prince souverain dont on voulait sonder les
dispositions sur les résultats que devait amener l'invasion qui se préparait contre la France.
On pouvait soupçonner que quelques pensées
ambitieuses traversaient le cerveau du prince
et qu'il aurait la présomption de se croire appelé
à recueillir l'héritage de Bonaparte. Il fallait

donc connaître au juste quel degré de confiance sa majesté mettait dans ses vœux indiscrets. Quand l'envoyé se fit annoncer au prince, ce dernier était au bain, mais dans son impatience d'apprendre des nouvelles, il fit introduire le diplomate. Après un long entretien sur l'état général des affaires et l'entrée de l'armée autrichienne dans le département du Jura, le prince demanda si, dans le conseil des quatre grandes puissances, il y avait des idées fixes sur le chef qu'on donnerait à la France après l'expulsion de Bonaparte. « Ma foi, sire, répliqua vivement le diplomate, la question est encore flottante. Je pense que la couronne de France ira au plus heureux, au plus fin, au plus adroit ; à moi peut-être ou à tout autre. » A ces mots, le prince ne pouvant maîtriser son premier mouvement et oubliant qu'il était dans une baignoire, se lève impétueusement en s'écriant : « A vous, M. le comte, à vous ! Et de quel droit, je vous prie ? » Cette vive sortie décélait la pensée secrète du monarque , et c'est tout ce que voulait le diplomate, fort innocent de l'ambition du trône des lis. Le comte *** disait à la personne dont je tiens ce fait : « Vous savez que le prince *** est d'une haute taille, lorsqu'il s'élança de son bain, enveloppé d'un grand linceuil, il me fit l'effet d'une lugubre apparition ; et quand, par la vivacité de son geste, le drap quitta ses épaules, ce corps brun, restant à nu et ruisselant d'eau, me représenta ces fleuves personnifiés par la mythologie, qui sortant du sein des roseaux, se montraient aux regards des mortels dont l'audace insultait leurs ondes. »

Depuis la restauration, souvent les gens du service intérieur du roi Louis XVIII, entendaient dire à ce prince, tantôt : « Modène a raison, » tantôt : « Modène a tort. « On remarmarquait que « le Modène a raison » se répétait plus souvent quand les souffrances du roi devenaient plus vives ; mais personne ne pouvait attacher un sens à ces deux phrases contradictoires. L'explication m'a été donnée ici par un des aides - de - camp - généraux de l'empereur Alexandre, la voici :

M. le comte de Modène, l'un des premiers officiers de la cour de *Monsieur*, comte de Provence, se livrait à l'amusement de la nécromancie ; comme il était spirituel, il se créa une sorte de

célébrité, et chacun le suppliait de lui faire
connaître son avenir. Un soir, dans un petit
comité du Luxembourg, *Monsieur* dit au gai
magicien : « Modène, vos succès sont parvenus
jusqu'à moi ; serai-je donc le seul auquel vous
ne direz point ce qui doit m'arriver ? — Monseigneur je suis à vos ordres, » répondit le comte.

Aussitôt on envoya chercher des cartes, et la
séance commença. Après quelques minutes d'un
profond silence, le comte de Modène s'écria :
« Monseigneur, vous serez roi de France. »
Grands éclats de rire dans le petit comité :
Louis XVI était plein de force et de jeunesse,
et le duc de Normandie, frère du dauphin, existait encore. M. de Modène rit avec les rieurs et
continua son opération. « Oui, Monseigneur,
ajouta-t-il, bientôt, il est très-positif que vous
serez roi de France ; mais il est aussi très-sûr
que vous ne serez point sacré. » Nouvel étonnement, nouveaux rires qui s'augmentent de l'in-
cohérence des deux prédictions. Hélas ! la première ne s'est que trop accomplie, puisque la
révolution moissonna le possesseur et l'héritier
présomptif du trône.

Le souvenir de cet innocent badinage s'était

gravé dans l'esprit de Louis XVIII. Lorsque les événemens et les vœux de la France l'eurent rappelé sur le trône, et que sa santé s'améliorant lui donnait l'espoir d'aller *à Reims*, ce monarque se disait à lui-même : *Modène a tort* et *Modène a raison*, quand les douleurs de goutte, devenant plus aiguës, lui enlevaient cette espérance. Le résultat de ces alternatives, c'est que *Modène avait raison*, ce qui, toutefois, ne doit point augmenter notre confiance dans les arrêts de la magie blanche ou noire.

MŒURS ET HABITUDES MOSCOVITES.

—

Un serf bienfaiteur de ses maîtres. — Simplicité des
marchands russes. — Bons traitemens avec les animaux. — Douceur des gens du peuple. — Une anecdote. — Un officier français et un officier russe,
anecdote. — Les parasites. — Discours d'un vieux
boyard. — Boutade d'un colonel français. — Les médecins. — Les Russes mauvais malades. — Le docteur
Biett. — Les femmes valent mieux que les hommes.
— Le suisse d'une ambassade. — Décadence de la générosité. — Conseils aux riches.

Tout voyageur jaloux d'apprécier exactement
les Russes, doit les voir à Moscou, sous peine
de les avoir mal vus. Celui qui se contente de visiter Pétersbourg, comme font beaucoup de gens
venus par mer, et s'en retournant par mer,
après un séjour de quelque mois, ne connaît ni
les Russes, ni la Russie. On peut dire que Pétersbourg n'est que le brillant vestibule du grand

empire ; c'est militairement parlant , un poste
avancé dont le corps d'armée est à Moscou.

Les Moscovites regardent la nouvelle capitale comme une colonie russe établie depuis
120 ans , sur un point marécageux de l'Ingrie ,
et chez laquelle le mélange de vingt nations différentes rivalisant avec les naturels du pays ,
altère la physionomie nationale ; ce qui faisait
dire plaisamment à un ministre étranger : « C'st
singulier, j'ai rencontré beaucoup de Russes aujourd'hui. »

La ville de Moscou a un cachet d'originalité
que n'offre point sa cadette ; la nuance est très-
caractérisée : ici est le foyer des vieux et grands
souvenirs ; les institutions des anciens jours s'y
conservent mieux; le peuple montre plus de fidélité aux traditions, aux mœurs, et à ses usages.
Enfin, il se sent plus véritablement chez lui; c'est
la vieille patrie , c'est le sol russe ; il le foule
avec plus de plaisir , il s'y attache avec plus
d'ardeur, il le quitte avec plus de regret , il y
rentre avec plus d'émotion. Aussi, les réunions,
populaires présentent-elles un tout autre caractère
que dans la capitale moderne ; l'expression de la
joie y est plus franche et plus vive. Les hommes

du peuple s'amusent à peu de frais ; j'ai déjà dit
que rien n'est moins dispendieux que leur ivresse.
Grâce à la simplicité et au bon marché des alimens , un ouvrier gagne généralement dans sa
journée , deux ou trois fois plus d'argent qu'il
ne lui en faut pour vivre et se vêtir ; s'il est éco-
nome , il peut amasser pour sa vieillesse. Assez
ordinairement les marchands russes abandon-
nent aux seigneurs le noble privilége de se ruiner ; les brillantes catastrophes dont ils sont
quelquefois témoins les préservent du péché
d'envie ; dans le monde entier, il n'existe pas
d'hommes moins jaloux des positions élevées
que chez le peuple russe ; une philosophie d'ins-
tinct le met dans le secret des délices de la médiocrité. Rien de si rare que d'entendre parler
de la ruine d'un marchand ou d'un maître ouvrier. Cet avantage est le résultat de la sagesse
avec laquelle ils placent leur gloire et leur
bonheur à rester dans leur condition , à ne point
confondre l'aisance avec le luxe ; si ce redoutable ennemi du bien-être et de la raison , se
présentait chez eux entouré de son brillant cortége, ils lui diraient séchement : « Monseigneur,
passe ton chemin, vas porter ta séduction dans

les palais de Moscou, on t'ouvrira les deux
battans de la porte; mais défense à toi de passer
le seuil de nos demeures. » Ainsi il faut en revenir au mot heureux de M. Balk : « Notre peuple a le génie du bon sens. »

C'est à cette honorable simplicité, source
abondante de richesses, que les marchands
russes doivent les moyens de se livrer aux
pieuses munificences que nous avons signalées,
et dont plusieurs sont dignes de causer quelque
malaise à nos richards occidentaux; c'est à cette
même cause qu'il faut attribuer la touchante
générosité qu'exerce quelquefois un serf enrichi
envers son maître ruiné.

Honneur à Martinoff, qu'on m'a cité, pour
avoir consacré la moitié de ce qu'il possédait à
soulager son maître tombé dans la misère, et
l'autre moitié, à faire donner une éducation
brillante au fils de ce même homme dont il était
le bienfaiteur : que j'aime le reflux d'une fortune laborieusement acquise vers la source tarie
dont elle descend ! J'attache des lettres initiales
à de frivoles anecdotes, à de légers intérêts de
conversation, mais j'écris en toutes lettres le
nom de ce héros d'humanité et de reconnais-

sance ; le cacher à mes lecteurs serait un vol
que je me reprocherais. Que la vertu soit modeste, elle remplit un devoir ; mais l'écrivain
fait le sien en dévoilant les actions généreuses.
Qu'il fut beau le jour où ce jeune homme, arraché à l'ignorance et au malheur par l'esclave de
son père, et rendu à la fortune par des héritages inattendus, put dire à son sauveur : « Martinoff, sois libre, que dis-je? sois mon ami,
mon égal, partage avec moi les biens que m'envoie la divine Providence. »

J'ai déjà dit combien les Russes étaient humains pour les animaux compagnons de leur
travail ; mais cette pitié qu'ils leur accordent,
me frappe encore plus ici qu'à Pétersbourg ;
rien n'est plus rare que de rencontrer des chevaux piteux et décharnés. La charge des chariots est toujours la même, elle est calculée sur
la force des animaux qui la traînent, elle ne
varie point, elle ne demande pas plus d'efforts
aujourd'hui qu'hier, c'est l'humanité qui règle
le poids ; l'ardeur du gain ne fait jamais dépasser une sage limite ; et peut-être depuis Rurik,
fondateur de la monarchie, la charge des che-

vaux et des bœufs n'a pas varié de dix livres.
En France, nos cochers et nos charretiers semblent possédés de la manie de frapper; il est
probable qu'il se donne par jour un million de
coups de fouets inutiles; c'est une cruauté de
luxe et de fantaisie, un besoin de bruit et de
mouvement, une manière de se désennuyer. J'ai
vu, sur nos grandes routes, des rouliers qui
sanglaient dix coups de fouet sur le poitrail
d'un cheval pour en chasser une mouche; singulier moyen de rendre service! C'est la pierre
officieuse de l'ours! Mais si les Russes traitent
leurs bêtes avec douceur et justice, cela ne va
pas jusqu'au point de se mettre en leur lieu et
place pour traîner une voiture; la fierté des
hommes du nord se refuse à cette humiliante
fatigue qu'à Paris tant de gens s'imposent volontairement. C'est un contraste assez bisarre,
que de voir, chez un peuple libre, de pauvres
gens s'atteler comme des animaux, et chez les
Russes, des gens qui, en voulant bien rester
serfs, repousseraient le harnais parce qu'ils
veulent rester hommes. Que conclure de ces
rapprochemens? que les nations peuvent mu-

tuellement s'envier des avantages disséminés sur la terre, et qui ne sauraient être le partage exclusif d'une seule.

Ici je me complais dans la peinture des mœurs populaires, parce que j'y remarque une foule de bonnes choses qui compensent et au delà le côté défectueux. J'étais logé devant une place de voitures ; les cochers me connaissaient beaucoup et m'aimaient un peu parce que je me servais souvent de leurs traîneaux, et que je les payais bien ; quelquefois, voulant faire une course à pied, je refusais leur service, mais comme les Russes ne peuvent admettre qu'on se prive d'une jouissance et qu'on accepte volontairement une fatigue, ils supposaient que mon refus tenait à la légèreté de ma bourse ; alors ils me poursuivaient en me disant avec une inflexion de voix caressante : « *Gospodin*, *nied dengi - sadits*. » Monsieur, point d'argent, asseyez-vous. »

J'ai habité plusieurs quartiers, j'ai logé dans de grandes maisons où les rez - de - chaussés étaient occupés par des gens de la classe ouvrière ; je n'ai jamais entendu une mère furieuse courir après ses enfans pour les frapper ; je n'ai point vu des femmes s'attaquer d'injures et faire

sauter leurs bonnets en l'air! J'ai vu des maris
ivres, accabler leurs femmes de salutations res-
pectueuses en rentrant au logis, comme pour se
faire pardonner leur démarche chancelante, et
non pas les battre pour les punir de leurs propres excès! Enfin, je n'ai jamais entendu ces
aigres disputes, ces emportemens furieux qui
attirent à leurs fenètres tous les locataires d'une
maison, et qui sont si communs dans d'autres
pays chez les gens de la classe inférieure : la
paix des ménages russes est rarement troublée;
les cris et la violence ne sont point en usage au
sein des familles pauvres; tout s'obtient et tout
est conduit par l'empire de l'indulgence et de la
douceur.

Cette modération et ce calme règnent aussi
généralement dans les classes supérieures, je
l'ai déjà dit, mais je dois faire connaître avec
quelle générosité des hommes puissans viennent au secours de leurs parens malheureux.

La femme du célèbre général en chef comte
de Wittgenstein est la nièce d'une dame âgée et
peu favorisée de la fortune; cette dame n'avait
jamais osé solliciter, de l'illustre époux de sa
nièce, une amélioration à son sort. Un jour,

ayant appris que la femme du général devait changer de chevaux à une station de poste voisine de sa résidence, elle s'empressa de s'y rendre. Lorsque la comtesse fut entrée dans la maison de poste pour s'y reposer, la vieille dame, logée dans une maison voisine, envoya son nom et fit demander un entretien à sa nièce. La comtesse n'hésita point; elle dit à ses enfans : « Votre grande tante me fait prévenir qu'elle veut me voir ; allez à sa rencontre, et quelle que soit la simplicité de son costume, ayez pour elle tout le respect que vous devez à son âge et à une parente de votre mère. »

Les enfans coururent au devant de la bonne dame, lui baisèrent les mains et l'introduisirent près de la comtesse; celle-ci lui fit l'accueil le plus empressé. Lorsqu'elle connut le motif de sa visite, qui était le placement de ses petits enfans : « Ma chère tante, lui dit-elle, je me rends à Pétersbourg, où se trouve le général, venez-nous y joindre, je me charge des frais de route; descendez chez moi, nous ferons tout ce que nous pourrons pour vous être utile; je ne suis fâchée que d'une chose, c'est que vous nous ayez caché si long-tems vos désirs. »

Quinze jours après cette entrevue, la vieille dame se rendit à Pétersbourg. Quel fut son étonnement en entrant chez le général, d'être reçue par son petit-fils déjà vêtu en uniforme de cadet! Le comte de Wittgenstein, partageant tous les sentimens de sa digne épouse, avait envoyé de suite chercher cet enfant à une grande distance, chez sa mère, fille de la vieille tante; la sœur du jeune *cadet* fut placée aux demoi-selles nobles.

J'ai vu des oncles et des neveux se rendre à Paris pour implorer un parent tout frais nommé à une grande place, et s'en retourner tristement dans leur province, sans avoir obtenu la plus légère marque d'intérêt; j'ai vu aussi des grands personnages ne pas même répondre à la lettre d'un ami malheureux; ces souvenirs me font espérer que mes lecteurs me sauront gré d'avoir mis sous leurs yeux un tableau de famille d'un autre genre.

Rien ne s'enchaîne plus naturellement que les beaux mouvemens de l'ame. Lors du débarque-ment des Russes, en Hollande, débarquement qui remonte aux dernières années de l'autre siècle, M. de M*** sauva la vie à un lieutenant d'in-

fanterie de l'armée russe; de ce moment l'a-
mitié la plus tendre unit les deux jeunes officiers.

Bientôt ils furent séparés par d'immenses
distances; quinze années passèrent sur le dernier adieu, mais le tems ne changea point le
cœur du guerrier russe; ses souvenirs étaient
aussi vifs que le lendemain du service rendu.
Après l'invasion de 1812, et la funeste retraite,
Vilna devient un vaste tombeau pour les Français.
Le jeune lieutenant, alors colonel, entra dans
cette ville. Tout à coup, il est saisi d'un pressen-
timent qui lui interdit le repos; impossible à lui de
le maîtriser, une voix secrète lui crie sans cesse :
Celui qui te sauva la vie est à Vilna, il va mourir loin de tout secours. « Ah! se disait-il, si
dans cette lugubre enceinte je pouvais m'acquitter avec le guerrier français. » Éprouvant
une sorte de fièvre, il parcourt tous les quartiers, suivi de ses gens; il interroge tous les
visages de nos pauvres militaires français gisant
sur la neige; ses recherches sont vaines, mais
rien ne le décourage. Il va chez le commandant
de la ville; au milieu de la confusion générale
on avait dressé à la hâte un état de tous les of-

ficiers français restés malades à Vilna ; oh !
bonheur inespéré, le colonel y trouve le nom de
son ami ; ce nom ranime ses forces, mais où le
chercher ? point d'indication d'asile... N'importe,
il visite toutes les maisons ; les deux tiers de la
journée s'écoulent ; l'horloge, seule autorité de
la ville qui soit restée à son poste, sonne trois
heures ; la pâle lumière du nord va bientôt s'é-
teindre ; encore quelques instans, et les ténèbres
lui déroberont celui qu'il veut sauver : la
mort va si vite dans un lieu où toutes les souffrances s'accumulent ! Enfin, le colonel s'élance
dans une immense maison dont les corridors
sont encombrés de morts et de mourans ; l'en-
tassement est tel, qu'un brouillard épais s'éle-
vant à deux pieds au-dessus de tous ces corps,
à peine peut-on les distinguer au travers de
cette vapeur fétide. L'officier russe fait retentir
ces mots dans la profondeur de la galerie : « On
demande M. de M*** à l'état-major. » Du
sein de cette fumée, une tête se soulève, et on
distingue à peine ces paroles lentement échap-
pées d'une bouche mourante : « Il est ici, c'est
moi. » Aussitôt le colonel fait frayer doucement
un sentier ; on enlève M. de M***, on le pose

sur une civière et on l'amène chez son ami : là
en nettoie son corps couvert de lambeaux et de
vermine, on le met au lit, un médecin est
appelé; l'ami se cache derrière les rideaux,
trois jours se passent dans de mortelles alternatives; enfin, la nature et la divine amitié triom-
phent, l'officier français est sauvé, et l'officier
russe remercie Dieu du prodige qui lui fait
acquitter la dette de la reconnaissance. Je tiens
cette touchante anecdote de M. de M*** lui-
même, résidant à Paris et occupant un emploi
militaire.

Mais je reviens aux Moscovites; chez eux,
l'hospitalité (1) est si large, que le parasitisme
n'y est nullement signalé comme un ridicule; *les
courre dîners* étant toujours les bien venus ne
sauraient êtres taxés d'importunité; on ne se
plaint que de leur absence. On m'a cité un

(1) Les étrangers sont parfaitement accueillis à Pétersbourg par notre compatriote M. le comte de Laval,
homme aimable et spirituel, et à Moscou, par sa belle-
sœur madame la princesse Bellozelsky. Je ne conserve
pas moins précieusement le souvenir de l'hospitalité de
M. le général Apraxin. Il m'est doux de payer à ces
trois maisons le tribut d'une vive et durable reconnaissance.

Français qui, dans l'espace de seize ans, ne
dîna que trois fois chez lui, et encore trouva-
t-on cela assez bizarre. Un M. R***, allemand,
va dans quatre cents maisons, mais comme il
ne dîne qu'une fois par jour, il ne peut solder
ses comptes gastronomiques qu'au mois de février de l'année suivante. Dernièrement le prince
André le rencontra et lui dit : « Colonel, nous
ne vous voyons plus à notre table. — Mon
prince, vous êtes injuste, répliqua l'Allemand,
j'ai dîné chez vous cette année. » Le colonel a
sa liste d'amphitrions qu'il suit très-scrupuleu-
sement.

Quoiqu'on dîne assez tard à Moscou, on ne
sert pas moins le souper entre onze heures et
minuit, comme si on n'avait pas dîné; mon estomac, peu complaisant, ne pouvait se plier à
cet usage du pays; je ne mangeais rien, mais
cette sobriété est une sorte d'inconvenance; il
faudrait au moins déplier sa serviette, et manger du bout des lèvres pour tranquilliser la conscience du maître de maison. On m'a cité deux
grandes dames de Pétersbourg, qui, durant leur
séjour à Paris, s'étaient désabusées du souper;
elles revinrent, et l'une d'elles, la princesse

M***, affecta, le jour d'une nombreuse réunion,
d'imiter servilement les manières parisiennes ; on
ne servit que du thé et des petits gâteaux. Mais
comme on se retire fort tard, les vifs appétits du
nord ne s'accommodèrent point de cette élégance de mœurs ; à deux heures tout le monde
mourait de faim ; le mécompte des estomacs
jeta beaucoup de froideur dans l'assemblée, et
beaucoup de ridicule sur la dame russe franci-
sée. A Moscou, un pareil essai serait la chose
impossible, il y aurait sédition.

En général, l'usage n'est point de se dé-
placer pour le repas du soir ; les gens dressent
des petites tables devant les causeurs, qui n'ont
pas même la peine de changer de siége : on
couvre aussi les grandes tables qui se trouvent
dans la pièce, ce qui donne au salon la physionomie d'un restaurant de haute volée. Les domestiques étant très-nombreux, le service se
fait avec une grande promptitude. Le souper se
compose de poissons, de gibier, de légumes, de
gelées, de fruits, etc., etc. Ces légers alimens
ne nuisent point au sommeil et ces repas sont fort
gais.

J'ai dit que la plupart des convives du dîner

s'éclipsent après le café ; mais il n'en est pas
de même au repas du soir, on reste et l'on cause
jusqu'à deux ou trois heures du matin. La conversation est alors vive, animée ; de même que
chez nous on ne s'appesantit sur aucun sujet ;
un lourd causeur n'y ferait pas fortune ; lorsqu'on fait du jour la nuit l'important est de
ne point dormir.

Hier, chez M. de R***, on parlait des ridicules de quelques provinciales ; le fils d'un gouverneur général, qui résida dans un chef - lieu
de gouvernement de la petite Russie, nous raconta qu'en 1800 les dames de cette contrée
étaient fort en retard pour les modes ; trouvant
la coutume de mettre une montre à la ceinture
trop masculine, elles eurent l'inspiration de les
placer dans leurs cheveux, en façon de dia-
dême : les breloques flottaient autour des oreilles. La crainte qu'éprouvait chaque femme d'arriver seule dans le salon de madame la gouvernante, les faisait se réunir et entrer en masse,
ce qui devenait fort embarrassant pour la maîtresse de maison ; une fois installées elles ne
quittaient plus leur place. Cette immobilité et
un silence rigoureux donnait à l'assemblée l'air

d'une galerie de portraits de toutes les dames
de la ville et des environs : il ne faut pourtant
pas s'étonner de leur méconnaissance des usages,
elles quittaient la solitude pour venir s'essayer
aux habitudes du monde; tout a bien changé
depuis vingt ans ; les mémoires et les modes françaises envahissent la Petite-Russie comme nos
deux capitales : vous trouveriez l'élégance et
le bon goût dans les filles de ces mêmes femmes
dont la gauche timidité nous étonnait. »

Si j'avais écrit dans cette ville mon chapitre
intitulé *les Titres*, faisant partie des trois premiers volumes de *l'Hermite*, j'aurais plus fortement insisté sur l'absence d'orgueil et la bonhomie avec laquelle la plupart des Russes
supportent une grande naissance et une grande
fortune : « Nous pardonnons de bon cœur, me
disait un des plus anciens boyards de la *ville
sainte*, l'étourderie, la légèreté, les vanités du
luxe ; mais nous sommes impitoyables pour les
grands airs, les têtes hautes, les physionomies
officielles et protectrices, parce qu'elles sont un
contresens avec le type national; les fumées du
vin de Champagne, ont plus de puissance sur
nous que celles de l'orgueil ; nos immenses réu-

nions n'offrent peut-être pas une demi-douzaine de fanfarons, et nous les signalons comme des loups blancs. Ajoutez à ce petit troupeau quelques pédans, tel que M. O***, tantôt Pétersbourgeois et tantôt Moscovite, infatué de son esprit quoiqu'il n'en ait pas plus que bien d'autres, et vous aurez la liste de ceux qui tranchent avec le ton général. »

Un colonel français, ancien élève de l'Ecole polytechnique, présent à cette conversation, répondit: « Mais, mon prince, vous oubliez les femmes; je puis vous en citer de très-hautaines : par exemple, la princesse *** et ses filles.—Ah! oui vraiment, vous avez raison, ces trois dames, quoique spirituelles et ayant des vertus, donnent dans ce malheureux travers; *elles le portent beau*, pour me servir d'une expression vulgaire, aussi les appelle-t-on les *importantes*. Leur naissance n'est point au dessus de la nôtre, mais elles vécurent long-tems dans l'étranger, et à leur retour elles voulurent être de très-grandes dames; on en rit d'abord, puis beaucoup de gens les prirent au mot et leur orgueil s'est fortifié de cette complaisance; mais une exception ne signifie rien.

»—La remarque du prince est fort juste, reprit
le colonel, il faut convenir que sous ce rapport
il s'est fait une révolution générale dans la bonne
compagnie de toute l'Europe ; j'ai beaucoup
voyagé et j'ai pu m'en convaincre. J'ai entendu
dire souvent à ma mère que bien avant l'apparition *des Droits de l'homme*, l'esprit et la bonne
éducation établissaient le niveau dans les salons
parisiens. Il n'y a pas encore trois mois, que
me trouvant au faubourg Saint-Germain, chez
Mme de Volnac, qui reçoit la ville et la cour,
un vieux chevalier de Malte présenta un apprenti
diplomate, que j'avais vu à Pétershourg. Le
chevalier voulant donner du poids à son protégé, grimpa gauchement sur l'arbre généalogi-
que du nouveau venu, et s'égara dans la profondeur des ancêtres ; eh bien ! tout le monde
resta froid devant le récit du généalogiste ;
ce compérage est maintenant de mauvais goût,
ce qu'on appelle *la naissance* est une corde dé-
licate qu'il faut effleurer très-légèrement.

» Aujourd'hui, le monde repousse toutes les
admirations qu'on lui impose ; il veut aimer, honorer et haïr librement. « De grâce ! aurait-on
pu dire au commandeur, laissez à un nom le

soin de produire son effet ; s'il est historique, il
n'a que faire de votre secours, tous les yeux se
dirigeront vers lui ; mais si cette prétention n'est
qu'une chimère de famille, un éclat de localité
qui ne dépasse point les frontières du canton,
n'en parlez pas sous peine de rendre votre ami et
son historien ridicules. »

» Tel nom, chatouille des oreilles provinciales, qui n'a rien de sonore à Paris ; il est dangereux d'expliquer à la société ce qu'il lui importe
peu de savoir, et ce que souvent elle ignore avec
plaisir. D'ailleurs, il faut être juste, elle n'exige
point vos preuves ; vous pouvez monter *dans
ses carrosses* sans exhiber de parchemins, il
y a tolérance parfaite pourvu que vous soyez
homme de bonne compagnie.

» Si vous gémissez de cette réserve imposée par le bon goût, qui empêche que vous
vous délectiez en famille de l'ancienneté de votre race ? entre soi, on peut se faire descendre
de Jules-César qui, comme on sait, descendait
de Vénus : cette ivresse domestique n'a rien que
de fort innocent, tâchez seulement qu'on n'é-
coute point aux portes.

» Qu'on se rappelle les joies de *Bussy-Rabutin*,

lorsqu'à force de retourner les chroniques, il faisait l'acquisition d'un ancêtre de plus ; quoique
terriblement orgueilleux, il n'exprimait ses transports que *sous enveloppe* à sa cousine Madame
de Sévigné. Malgré tout son esprit, cette dernière y attachait une importance qui tenait au
siècle ; et cependant, si tous deux avaient prévu
les honneurs de la célébrité pour des lettres fa-
milières, on peut croire que, redoutant le ridicule, ils eussent fait éclater une joie plus
douce.

» Je sais ce que peut m'objecter un *gnac* des
grandes Landes, ou un *ker* de la Basse-Breta-
gne : « Monsieur, me dira-t-il, nous avons tels
gentilshommes obscurs de nos provinces, qui
sont d'une noblesse plus ancienne que bien des
noms retentissans. » D'accord ; l'illustration
tient souvent à un souffle de la fortune, à la fidélité d'un écho. L'histoire fourmille d'oublis
et de négligences : les bulletins de l'armée,
écrits au son tumultueux des fanfares de la victoire, ne furent jamais ni impartiaux ni très-
exacts ; c'est pourtant de cette source impé-
tueuse que jaillissent les honneurs militaires ; cette
pluie ne saurait être qu'inégale et capricieuse ;

que de belles actions perdues faute d'avoir pu
se glisser dans un des cent tuyaux de la Renommée! Le reflet des plus brillans souvenirs n'est
souvent que le résultat d'une loterie dont *l'a-
veugle déesse* tire et distribue les billets; cela
doit consoler beaucoup de personnes du manque
d'illustration.

» Mais enfin, quand nous sommes illustres,
soyons encore modestes; le public d'aujourd'hui
ne sanctionne une haute naissance, que lorsqu'à
cette auréole, on sait unir celle des vertus et des
talens. Grâce à la prodigalité de toutes les dis-
tinctions, nous ne croyons plus qu'aux valeurs
intrinsèques. Cléante se présente, il est chamarré de dignités et de cordons; aussitôt la galerie, s'érigeant en tribunal, s'écrie : « Qu'on dé-
shabille cet homme, que, réduit à lui-même,
jeté dans les balances de l'opinion, ou pèse son
mérite personnel; s'il est juste, éclairé, brave,
religieux et bienfaisant, je l'honore et le félicite
d'être digne de son rang; mais s'il *n'est pas de
poids*, s'il ne brille que d'un éclat emprunté, je
lui refuse hommage; qu'il se rhabille, j'ai fixé
sa valeur et, quel que soit son nom, je n'y ajou-
terai pas un centime. »

Cette boutade philosophique du colonel amusa les Russes : « C'est à merveille, lui dit le prince, je vois que le tems et les événemens donnèrent à votre nation ce que la nôtre doit à son caractère et à ses mœurs.

Je dois plusieurs observations piquantes à MM. les médecins des deux capitales russes, dont je recherche la société, surtout quand je me porte bien. Un docteur de Moscou me disait : « Rien n'est si difficile que d'être le médecin des Russes, tellement ils sont fantasques et enfans gâtés. Tant que la maladie est grave, inquiétante, cela va bien ; mais c'est la convalescence que je redoute, car c'est alors que commencent mes tribulations. J'ai toutes les peines du monde à empêcher une rechute : « Quand pourrai-je sortir, docteur ? quand me permettrez-vous de sortir, docteur ? Je meurs d'ennui, ce mal me tuera bien plus certainement que la fièvre. — Lisez un roman. — Il m'excède. — Lisez des journaux. — C'est encore pire : d'ailleurs la lecture me fatigue. — Ouvrez votre porte, recevez quelques personnes ; causez. — Non, docteur, il n'y a pas un visage nouveau dans la ville, je sais par cœur tout ce que mes

parens et mes amis peuvent me dire, cela aug-
menterait mes souffrances. — Eh bien! occupez-
vous, écrivez aux absens. — Je ne réponds pas
même à ceux qui m'écrivent, c'est trop fatigant.
— Travaillez à quelques garnitures. — Joli
passe-tems que vous me proposez là, je ne sais
pas même tenir une aiguille. — Eh bien! faites
un peu de musique. — Depuis mon mariage je
n'ai pas ouvert le piano. — Faites de l'exercice,
promenez-vous dans vos longues galeries. —
Non, docteur, j'aime mieux rester sur mon canapé. Croyez-vous que je pourrai sortir la semaine prochaine? — Cela dépend du tems. —
Docteur quel tems fera-t-il? Ne pouvez-vous
donc pas m'ordonner de dîner demain et de sortir après-demain? — Prenez patience. — Je
n'en ai plus, je sèche sur pied. »

» Vous conviendrez, ajoutait le médecin,
qu'Hippocrate en personne perdrait tout son grec
avec de semblables malades. Beaucoup d'hommes ne sont guère plus raisonnables, j'en soigne
un dans ce moment qui me fait perdre l'esprit:
cloué dans sa bergère et lassé de porter ses regards sur les mêmes objets, ses yeux se ferment
et il passe des journées entières dans un véri-

table état de torpeur. Il s'irrite contre tous les plaisirs qu'on goûte sans lui, et lorsque j'arrive, il me reproche très-aigrement de ne rien comprendre à sa maladie ; le fait est qu'il sera toujours plus aisé d'arracher un Russe des griffes de la mort que des bras de l'ennui. »

Les Russes qui, en général, craignent la mort partout, hors sur le champ de bataille, mettent un grand prix au choix d'un bon médecin ; quand ils viennent en France, ils ne manquent pas de chercher les docteurs à bonne renommée; plusieurs d'entre eux se louent extrêmement de M. le docteur Biett, médecin de l'hospice St-Louis. J'ai retrouvé, sur les bords de la Néva et de la Moskwa, de touchans souvenirs de reconnaissance pour cet habile médecin, l'un des plus distingués, quoique l'un des plus modestes de notre capitale. La jeune princesse Sophie***, un peu coquette et très-séduisante, me disait avec une charmante ingénuité : « Monsieur, on trouve assez généralement que je suis jolie; eh bien ! si cela est vrai, je le dois au docteur Biett ; c'est lui qui m'a rendu mon visage qu'avait bouleversé la maladie ; ah ! monsieur, c'est un service que nous autres femmes n'oublions

jamais. » Le comte B***, présent à cette conversation, répliqua : « Pour moi, princesse, je
lui dois plus qu'un visage, je lui dois la vie, et
je ne l'oublierai pas plus que vous. »

De nouvelles visites survinrent, et on nous
apprit la mort du jeune Dmitri, tué en duel
par un de ses camarades.

Ici les duels sont assez rares ; rien de moins
fréquent que ces disputes légères d'où naissent
des affaires sérieuses. On va peu dans les cafés ;
les mille nuances politiques n'existent point ; il
y a peu d'amour, et, partant, peu de jalousie ;
l'injure et la diffamation sont interdites aux journaux ; les Russes, insoucians et oublieux, ont
trop de légèreté pour nourrir de longs ressenti-
mens ; je ne crois pas que jamais les maisons
puissantes aient été divisées par ces haines invé-
térées et héréditaires qui autrefois, dans quelques contrées méridionales, ne s'éteignaient que
dans le sang. Jamais je n'ai entendu parler de
rivalités hostiles de régiment à régiment ; il n'y
a donc guère que le jeu qui puisse occasioner
des duels. Ceux dont on parle depuis que j'habite ce pays, n'ont pas d'autres motifs que cette
funeste passion. Il faut regarder comme un bon-

heur que les occasions de se battre soient aussi
peu communes , car rien ne finit plus sérieusement que les duels chez les Russes ; il est excessivement rare que l'un des deux adversaires ne
reste pas sur la place.

Dernièrement, dans un petit comité , il s'é-
leva une discussion entre le comte Jean et sa
femme arrivant de Paris. Le premier disait
qu'il trouvait les Françaises beaucoup plus aimables que les Français ; sa femme soutenait le
contraire, et accordait très-franchement la préférence aux hommes. On tâcha de les mettre
d'accord en prouvant que la diversité de leur
opinion était une chose très-naturelle. La comtesse répliqua que sa préférence n'était qu'un sentiment de justice, et son air grave augmenta l'enjouement de l'assemblée. Enfin , les deux époux
me prirent pour arbitre. J'avoue que, faisant ab-
négation de tout esprit de corps, je n'hésitai pas
un instant dans ma réponse. «Madame, dis-je à la
jeune comtesse, je vous demande pardon , mais
je partage l'opinion de votre mari; les femmes
valent mieux que nous. Songez combien , depuis
quarante ans , leur existence fut différente de la
nôtre.

» Pendant que nous nous occupions à conqué-
rir le monde, à nous façonner au tumulte des
camps et aux bienséances un peu brutales du
sabre , nos femmes , nos sœurs conservaient les
douces habitudes de la paix ; si , pendant nos
longues absences, leurs cœurs n'admettaient pas
de distractions , ce qu'il est toujours convenable
de croire, elles ne les refusaient point à leur esprit qu'elles nourrissaient par la lecture , tandis
que nous ne lisions , nous , que des bulletins et
des ordres du jour. De tout tems on remarqua
que les guerres longues et opiniâtres altèrent l'a-
ménité et l'élégance des mœurs : il y a alors
promotion de héros , mais démission d'hommes
aimables.

» Durant nos troubles, les femmes n'exerçaient
pas comme nous des emplois difficiles qui furent
souvent l'écueil de la fidélité , de la droiture et
de l'honneur ; elles ne pouvaient être des gi-
rouettes politiques ; passer impudemment de
droite à gauche, mentir à leur conscience , à la
foi jurée, à leurs paroles et à leurs écrits. Je
connais telle femme qui, douée des vertus de
son état , sut conserver toute sa considération
auprès d'un mari qui ruinait la sienne ; telle

autre qui reste très-raisonnable , tandis que son
mari délire à la tribune. Dans les mémoires qui
traitent des contemporains , que de réputations
sont flétries , que de voiles enlevés laissent à nu
des caractères peu honorables ! les récrimina-
tions pleuvent sur les hommes , et au milieu de
ce déluge de vérités ou d'impostures , combien
les femmes sont épargnées ! On n'accusera pas
les écrivains d'un sentiment de galanterie , car
la plupart de ces messieurs ne s'en doutent
même pas ; s'ils ménagent les femmes , c'est
que tout simplement ils manquent d'étoffe pour
les avilir.

» Les femmes jouissent des avantages de leur
position négative , de leur exclusion des emplois
et du domaine politique ; c'est un véritable bonheur dans un tems de séductions et d'épreuves de
tout genre pour les vertus et les nobles sentimens ; c'est ce qui me fait dire qu'en tout pays
agité par de longues guerres , ou par des révolutions , les femmes sont non-seulement plus
aimables que les hommes , mais encore qu'elles
valent mieux que nous.

» Les bienfaits d'une paix durable , le calme
des esprits , la fixité des positions , la sécurité ,

plus de modération dans nos désirs insatiables
d'honneurs et de fortune peuvent seuls rétablir
l'équilibre de mérite et de vertus entre les deux
sexes. Le retour de cette précieuse égalité ne
saurait donc arriver trop tôt pour la dignité masculine, et pour l'harmonie de la société.

» — Allons, madame, dit le comte Jean, vous
voilà battue; et ce qu'il y a de plus piquant,
c'est que vous devez applaudir à votre défaite.
Puisque nous sommes sur le terrain des concessions, j'irai plus loin que monsieur; et j'avoue-
rai franchement que, dans notre pays, vierge,
grâce au ciel, d'une révolution *tricolore*, les
femmes aussi valent mieux que nous. »

Le dîner vint interrompre cette singulière
discussion (1) : il fut très-gai, et les Russes
dirent beaucoup de mal...... de la Russie. Ils
ont infiniment trop d'esprit pour croire que tout
soit bien chez eux; souvent ils vous désignent

(1) Je me rappelle que, dans cette même maison,
je me trouvai placé à table, un jour de grande réunion, près d'une jeune et jolie femme, fort timide,
arrivant de province et parlant français sans le moindre
accent. Je lui dis, après quelques momens d'entretien :
« Madame est Française? — Non, monsieur, répliqua-
t-elle d'une voix douce, je ne suis que Russe. — Et

avec une grande sincérité le côté faible du pays,
mais il faut bien se garder de prendre hostile-
ment l'initiative. Si vous attaquez leurs mœurs,
leurs institutions et leur climat, la vanité ou la
dignité nationale s'irritera, et ils ne vous feront
aucune concession. Mais laissez-les venir, leur
franchise ira au devant de votre curiosité, et
souvent auprès d'un Russe, vous deviendrez
l'avocat des Russes et de la Russie. Ce bouleversement des rôles donne beaucoup de jeu à la
conversation et finit par apprendre aux étrangers tout ce qu'ils veulent savoir.

En sortant de table, la gouvernante des enfans, qui avait déjà fait une éducation à Pétersbourg, reçut de cette dernière ville une petite
cassette contenant un charmant cadeau; c'étaient
des étrennes que lui adressait la reconnaissance
maternelle au jour de l'an.

Ce souvenir généreux d'une mère me causa

vous, monsieur, êtes-vous Russe? — Non, madame, je
ne suis que... je suis Français. » Quelle que soit ma courtoisie avec les femmes, je n'eus point la modestie d'a-
chever ma phrase comme je l'avais commencée. L'a-
mour-propre national est un bon défaut. D'ailleurs, si
le droit d'aînesse fut sabré dans nos familles, il existe
encore dans toute sa force de nation à nation.

presque de la surprise; on fait beaucoup l'aumône,
mais la munificence, les largesses sont passées
de mode. Cependant la charité n'est point la
grandeur. Voici un trait qui prouve combien
cette grâce du cœur s'efface chez les hommes
riches.

Un lendemain de jour de l'an, à Pétersbourg,
je donnai au suisse d'une ambassade où j'allais
souvent, une assignation de 5 roubles; il reçut
cette mince offrande avec reconnaissance, mais
avec quelque étonnement. « Eh bien! lui dis-je,
vous avez fait une bonne recette? — 20 roubles, Monsieur, en comptant ce que vous avez
la bonté de me donner, pas davantage. — Vous
plaisantez! Quoi! tous ces grands personnages
pour les voitures desquels vous ouvrez la porte
durant toute l'année et souvent par des nuits
glaciales, s'exemptent-ils donc de vous récom-
penser? — Monsieur, ça n'a pas toujours été
comme ça; il y a quinze ans que les étrennes
des visiteurs de l'ambassade se montaient à
800 roubles, puis elles descendirent à 600,
puis à 3 ou 4, et enfin, d'année en année cela
s'est réduit à presque rien. Je ne sais d'où cela
peut venir; je n'ouvre pas cette grosse porte

avec moins de zèle, les nuits ne sont pas moins
froides, et je ne suis pas moins respectueux avec
ces Messieurs qu'autrefois ; cependant 20 roubles au lieu de 800, c'est une terrible différence pour un père de famille. »

Je pourrais citer bien d'autres plaintes, bien
d'autres traits de même genre, qui prouvent
que la générosité est en pleine décadence ,
comme une foule de bonnes choses que semblent
exclure nos prétentions à la perfectibilité.
Hommes opulens de tous les pays, vous recon-
naissez que peu, très-peu de considération s'attache maintenant aux supériorités sociales; que
ce prestige s'évapore chaque jour; votre amour-
propre s'en irrite, mais à qui la faute? Descendez dans vos consciences, elles vous diront
que vous ne devez vous en prendre qu'à vous-
mêmes. Consultez ces nobles vieillards contemporains des jours que notre jeunesse dédaigne
parce qu'elle n'en a pas la plus légère idée (1),

(1) Lorsqu'on voyage, on ne peut se dispenser de
reconnaître qu'à toutes les époques et dans tous les
lieux, aujourd'hui comme il y a trois mille ans, les
peuples montrèrent un respect profond et religieux
pour les tems qui précédèrent; cette vénération égale

tous vous diront qu'alors, chez la plupart des
grands de la terre, on ne se regardait point
comme généreux, lorsqu'on n'était que charitable.
Prodigalité pour soi, et avarice pour les autres,
telle est maintenant la devise qn'on lit sur vos
tristes bannières. Prenez-y garde, les plaintes
sont unanimes : le Suisse de Pétersbourg est partout, il n'y a que changement de visage et de
circonstances. Vous êtes parcimonieux et mes-
quins, les joies du patronage vous sont inconnues; vous avez encore des convives, mais vous
n'avez plus de cliens, plus de gens qui vous
soient dévoués, parce que vous n'êtes dévoués
à personne. Vous ne vivez que pour vous, l'é-
goïsme sèche vos cœurs; on le sent, vous êtes
devinés. Les faibles qui auraient besoin d'appui
ne vous prônent point, ils ne vous considèrent
point, ils ne vous aiment point, ils vous regardent avec indifférence, ils n'espèrent point en
vous. Hélas! cette dureté d'ame est un fruit amer
des révolutions; Cicéron la signalait à Rome,

presque celle adressée aux tombeaux. Chéz nous, au
contraire, beaucoup de gens professent dans les chaires
publiques, dans les livres, dans les journaux un dédain
du passé, qui va jusqu'à l'injure. *Di Meliora !!!*

après les déchiremens de la république. Echappez
donc à ces influences et à l'empire du *moi*, sortez
de vous-même en faveur des autres; faites-vous
absoudre de vos grandes fortunes par de grandes
qualités; ressuscitez ces formes brillantes dont
s'honoraient les anciens riches; protégez les
artistes, embellissez les villages, décorez les
églises, fondez des prix, encouragez le travail
et la vertu. L'histoire fourmille de ces traits de
générosité et de vraie grandeur qui appelaient
sur les élus du sort les bénédictions et les vœux
de tous; lisez, et imitez. Et au moins, Messieurs les Mondor, pour l'honneur du corps, ouvrez votre bourse une fois dans l'année au *pauvre
suisse* qui vous ouvre la porte tous les jours.

LA CIRCASSIE.

—

Relations commerciales établies entre les Russes et les
Circassiens par M. le chevalier de Scassi. — Mœurs
et coutumes de ces peuples. — Récit de plusieurs expéditions. — Forces militaires des peuples du Caucase. — Rétablissement du pont de Kertsch.

Dans l'année 1811, la Russie était en guerre
avec les Turcs ; vers les derniers mois de l'année précédente, M. le chevalier de Scassi, noble Génois, qui venait de parcourir l'Egypte,
la Grèce et plusieurs villes de l'Asie mineure,
s'embarqua à Constantinople pour Odessa ; il
visita d'abord quelques-uns des gouvernemens
méridionaux de la Russie, et, de retour à Odessa,
ce jeune voyageur (il n'avait alors que vingt-
un ans) se présenta chez M. le duc de Richelieu, gouverneur militaire de cette province,
auquel il était particulièrement recommandé.

Au moment où M. de Scassi voulait partir
pour l'Allemagne, le duc, qui sous l'enveloppe
modeste du jeune Génois, avait deviné ses talens et sa rare intelligence, l'engagea fortement
à prendre du service en Russie, et lui offrit sa
protection auprès de l'empereur. M. de Scassi
accepta ces offres bienveillantes et suivit bientôt son général dans une expédition dirigée
sur les rives du Kouban, contre les peuplades
circassiennes. Ces peuplades, excitées par les
Turcs, faisaient de fréquentes excursions sur le
territoire de l'empire russe. Le duc de Richelieu avait établi son quartier-général dans la
forteresse d'Anapa, conquise en 1790 par le
comte Goudovitsch. La valeur des soldats Russes n'obtint que de faibles résultats dans cette
guerre d'escarmouches, très-désavantageuse
pour des troupes régulières. La formidable cavalerie circassienne fondait soudainement sur
les Russes, se repliait vers ses montagnes inac-
cessibles, et se remontrant bientôt plus menaçante et plus nombreuse, elle inquiétait sans
relâche la ligne de défense et faisait de forts en-
lèvemens d'hommes et de bestiaux.

Un jour, qu'enfermé dans son cabinet avec le

chevalier de Scassi , le duc de Richelieu déplo-
rait l'impuissance de sa petite armée , pour
empêcher les irruptions et les dévastations
des Circassiens ; le chevalier dit au duc : « Permettez-moi de vous soumettre quelques observations. La valeur des soldats que vous com-
mandez égale celle des ennemis, et je ne doute
pas que si on amenait ces derniers à se mesurer
en bataille rangée , la victoire ne se décidât
pour les aigles russes ; mais ces gens nous livrent une guerre de partisans ; elle est toute à
leur profit , ils n'en démordront point , et lors
même que votre excellence parviendrait à re-
fouler cette terrible cavalerie dans ses montagnes escarpées , oserait-elle poursuivre ses succès? Catherine II, après avoir défait les Turcs ,
ne voulut pas compromettre ses armes dans les
défilés de la Circassie. Je suis convaincu qu'une
armée de cent mille hommes n'y trouverait que
l'esclavage ou la mort : toute invasion est impossible chez un peuple sauvage , indomptable,
et que la nature défend peut-être encore mieux
que sa bravoure ; enfin, tout démontre la nécessité d'adopter un autre plan de campagne.—
Mais lequel? je ne vois pas de moyens...—Les

voici. Ces barbares sont excités contre nous par
les Turcs, leur haine n'est que factice, neutrali-
sons-la par la voix puissante de l'intérêt, com-
battons-les avec les armes de la paix, enfin,
ouvrons en Circassie des relations commerciales,
proposons des échanges.—Impossible, chevalier,
il y aurait de la folie, on voit que vous êtes étranger, vous connaissez mal la férocité de ces peuples. Quoi! proposer un échange de marchandises
aux mêmes gens avec qui nous échangeons tous
les jours des coups de fusil et des coups de sabre.
C'est un rêve! qui oserait ouvrir les négocia-
tions, qui oserait parlementer avec ces barbares?
— Moi, mon général!—Vous! — Moi-même!
j'aborderai chez eux sur une frêle barque avec
quelques hommes qui ne me suivront pas même
dans les terres, car je ne prétends exposer personne aux périls que j'affronterai; seul je péné-
trerai dans l'intérieur, et, pour toute arme, je
prendrai le drapeau de la paix. — Chevalier,
voilà un projet de jeune homme, ils vous égor-
geront. — Ce n'est pas sûr; d'ailleurs, dans
toutes les entreprises hasardeuses, ne faut-il
pas savoir sacrifier sa vie; n'exposez-vous pas
la vôtre tous les jours les armes à la main?....

— Mais quel titre aurez-vous pour vous faire
écouter? — Celui de Génois. Une colonie de notre nation, établie sur les bords de la Mer
Noire, sut jadis désarmer ces fiers courages
par beaucoup de loyauté dans les relations commerciales qu'ils parvinrent à établir avec eux,
qui sait si un de leurs descendans n'aura pas le
même bonheur! — Mais ces traditions doivent être effacées par le tems? — Elles ne
le sont pas, mon général, tout m'autorise à
le croire; il y a encore de la vénération chez
ce peuple pour ma noble patrie. Madame la générale Boukotine, née princesse circassienne,
attestera que je suis Génois, et, sous ses auspices, j'oserai me présenter avec confiance
aux Circassiens. — Madame Boukotine est Circassienne, en êtes-vous sûr? — Oui, monsieur le duc, elle fut faite prisonnière à la
prise d'Anapa, et se maria peu après avec un
officier russe.—La connaissance de ce fait est-il
bien positif en Circassie? — Oui, mon général,
plusieurs princes sont ses parens, et elle a conservé des relations avec eux. — Mais que leur
porterez-vous? — Du sel, ils en sont plus
friands que les chèvres. Cette cargaison me

fera beaucoup d'amis. — Je vois, mon cher,
que vous avez réponse à tout. — C'est vrai, et
j'avoue avec franchise que depuis long-tems je
caresse ce projet ; je n'attendais qu'une occasion
favorable pour le soumettre à votre excellence.
— Je ne sais si je dois me prêter à son exécution, les dangers que vous allez courir...... —
Ne doivent être comptés pour rien ; n'envisagez
dans cette expédition que l'intérêt de la Russie et
celui de vos troupes. — Quand partiriez-vous ?
— Dans quinze jours, monsieur le duc, dès
que le chargement sera opéré et que j'aurai fait
choix d'un bon pilote et de quatre rameurs vi-
goureux. — Eh bien ! soit ; je cède à vos inspirations, que Dieu vous protége, intrépide
jeune homme, je vais donner des ordres pour
votre départ. »

Telle est la conversation qui eut lieu dans la
forteresse d'Anapa, entre le duc de Richelieu
et le chevalier de Scassi ; elle m'a été rapportée
par un Français, général-major au service de la
Russie, et intimement lié avec le duc.

Quelques jours après le jeune Génois voguait
vers ces rives inhospitalières, très-redoutables
pour toutes les nations, puisqu'en cas de nau-

frage, la chance d'un esclavage éternel serait
la plus douce qu'on pût envisager.

La traversée fut heureuse, le chevalier aborda
en nommant la princesse circassienne dont j'ai
parlé ; le nom respecté de cette princesse fut un
talisman sur ces bords menaçans ; fidèle à sa
parole , M. de Scassi laissa sa cargaison et ses
hommes sous la sauve-garde de quelques habitans étonnés de son audace. Encouragé par ce
premier succès, il osa franchir les monts , et fouler une terre où jamais étranger n'avait posé le
pied volontairement. Il se fit conduire vers le
prince Indaroglou, qui règne sur les contrées voi-
sines du littoral de la mer ; en approchant de la
résidence de ce chef, il vit mille poignards se lever sur son sein. « Je suis Génois, s'écria l'héroïque voyageur, dans la langue du pays, je viens,
au nom d'une princesse circassienne, vous offrir
la paix et des marchandises qui vous seront utiles. » Alors, les poignards rentrèrent dans leurs
fourreaux aussi vivement qu'ils en étaient sortis.

De ce moment l'existence de M. de Scassi
fut placé sous l'égide de l'hospitalité , la première et la plus touchante des vertus de ce peuple guerrier. La présence du prince acheva de

dissiper toutes les inquiétudes du voyageur ; il
l'accueillit amicalement, le conduisit dans sa
maison où on lui servit des rafraîchissemens. M.
de Scassi s'empressa d'expliquer au prince l'objet de sa mission, et l'instruisit des intentions
pacifiques du général russe. Le lendemain, on
envoya faire le déchargement de la barque, et
le prince ordonna que le sel fût transporté à dos
de chevaux dans le grand village.

M. de Scassi est d'une taille moyenne ; son
extérieur n'a rien de très-remarquable, mais
sa physionomie, douce et spirituelle, est em-
preinte d'un cachet de modestie et de bonne foi
qui devait inspirer une grande confiance à des
hommes simples et si près de la nature ; bientôt
cette confiance fut illimitée ; l'heureuse impression qu'avait produite la présence du jeune Génois fut unanime et s'enracina si profondément
dans les cœurs, que, après une période de quinze
années, elle ne s'est point affaiblie. Aussi adroit
que prudent, le négociateur demanda fort peu
de chose en échange du sel ; sa modération charma ses hôtes et détermina les conditions orales
qui furent stipulées. On convint qu'un marché d'échange serait établi près de la forteresse

d'Anapa et un autre à Selengek. Les denrées
transportées au port par les naturels du pays,
devaient consister en cire, miel, fruits, etc., etc.
Les Russes s'engageaient à leur fournir, entre
autres objets, du sel, du fer, du cuir, du maro-
quin, du fil d'or et d'argent, etc., etc., etc. Il
fut en outre convenu que tout bâtiment russe,
ainsi que tout voyageur porteur d'un *terkeret* ou
firman, expédié par M. de Scassi, serait reçu
amicalement sur toute la côte circassienne. On
verra par la suite de cette relation qu'un simple cachet et la signature du Génois voyageur
obtinrent ce prodige, et qu'un firman du grand
seigneur n'attire pas plus de respect et de vénération auprès des musulmans. Depuis ce pacte,
il n'y a point d'exemple que ce signe ait été mé-
connu, tant la plus scrupuleuse bonne foi est une
des vertus dominantes chez ces montagnards.

Le soir même de la première entrevue, le
prince Indaroglou envoya de tous côtés des
hommes à cheval, pour faire cesser les excursions sur le territoire russe; il donna même avis
de l'interruption des hostilités aux princes ses
voisins. Cette transition subite de sanglans combats à des relations commerciales que le duc de

Richelieu avait traitées d'imaginaires, s'opéra
comme par enchantement. Une des conditions
les plus avantageuses fut l'autorisation de cou-
per des arbres dans les forêts les plus rapprochées
du littoral ; avantage immense ! les bois de
construction de ces grandes vallées étant supérieurs à ceux exploités sur le sol de l'empire.
Ainsi, peu de tems après cette téméraire entreprise, la cognée russe put retentir impunément
dans ces antiques forêts, encore vierges des ou-
trages de l'homme, et les naturels aidèrent leurs
nouveaux amis dans ces pénibles travaux.

Chaque maison de prince ou de particulier a
une grande chambre qu'on appelle *l'asile du
voyageur* ; elle est indépendante du logement du
maître ; sa forme indique sa destination, aussi,
l'étranger ne s'y trompe point ; il s'arrête devant la porte hospitalière, qui s'ouvre à l'instant ; on lui porte des mets et des boissons, sans
lui faire aucune question ; mais, le lendemain,
on lui demande son nom, et le lieu où il va.

C'est dans cette chambre que fut conduit
l'intrépide Génois ; rendu à lui-même et au recueillement du silence des nuits, il remercia la Providence, qui l'avait soutenu dans

cette périlleuse entreprise ; le lendemain, le
prince Indaroglou , entouré de ses premiers officiers , conduisit l'étranger dans une vallée spa-
cieuse , où dix mille cavaliers , composant sa petite armée , étaient réunis ; c'est quelquefois la
force numérique à laquelle s'élèvent les troupes
que peuvent mettre sur pied d'un coup de sifflet
les princes souverains de ces montagnes. Ce dernier parut jouir beaucoup de la surprise de son
nouvel allié , qui , étonné de la prodigieuse cé-
lérité de cette réunion militaire , ne se lassait
point d'admirer la beauté des hommes, celle des
chevaux , des armes , et la richesse des costumes.

La taille des Circassiens est élevée , leurs
épaules très-larges offrent un contraste frap-
pant avec l'exiguité du milieu de leurs corps.
Cette disproportion est attribuée au soin que l'on
prend de serrer le bas de la taille des enfans dès
leur naissance : ce qui a fait dire qu'il n'était
pas rare de voir un Circassien partager en deux
son ennemi, d'un seul coup de cimeterre ; cette
assertion des voyageurs est un peu hasardée, et
ne fait point partie des notions qu'on m'a don-
nées. Mais ce qui a été dit sur leur valeur hé-

roïque, sur leur adresse, et sur leur force
extraordinaire, est de toute vérité.

Les Circassiens sont guerriers et cavaliers
habiles; un enfant de douze ans sait dompter
le cheval le plus fougueux. Il paraît que, de toutes
les nations connues, c'est celle qui subit le moins
de modifications; d'après les traditions du pays,
elle est ce qu'elle était il y a trois mille ans; on
y conserve les mœurs et les usages des tems les
plus reculés. Rien de si touchant que la vénération de ce peuple pour la mémoire des morts, ni de
si religieux que leurs cérémonies funèbres. A l'ins-
tar des Grecs, leurs anciens voisins, ils font d'in-
croyables efforts pour arracher aux ennemis les
corps de leurs guerriers, et leur donner les honneurs de la sépulture.

Ils ne sont point méchans, et ils le prouvent
dans leurs nouveaux rapports avec la Russie.
Avant ces rapports, ils ne se faisaient aucune
idée de la puissance de leur grand voisin, et,
depuis qu'ils la connaissent, ils ne conçoivent
pas la moindre inquiétude; ils ont la sécurité
de la force. Non-seulement ils se croient invin-
cibles, mais même inexpugnables dans leurs
montagnes. M. de Scassi s'est convaincu, dans

ses explorations fréquentes, qu'il n'y avait rien
de mieux fondé que ses conjectures, lorsqu'il
disait qu'une invasion serait désastreuse pour
les envahisseurs. Cette folle entreprise ne fut jamais tentée, et probablement ne le sera jamais.

Le duc de Richelieu, charmé du succès inespéré de son négociateur, qui lui envoya un long
rapport, et le rejoignit bientôt, s'empressa de
solliciter de l'empereur l'autorisation d'une expédition plus importante. Ce prince ordonna
qu'un des plus grands bâtimens de transports de
la mer Noire fût mis à la disposition de M. de
Scassi, ainsi que les officiers et les hommes né-
cessaires à cette nouvelle tentative. Ce bâtiment
s'appelait *le Danube*; il fit voile vers les côtes de
la Circassie. L'aspect de ce navire, entré dans
le port de Pschad, causa un profond étonnement
aux naturels du pays. M. de Scassi encouragea
par son exemple l'équipage, qui ne pouvait se
défendre de quelques craintes, à la vue d'une
multitude d'hommes armés sur la plage ; il s'é-
lança de sa chaloupe, et le prince le reçut avec
toutes les démonstrations d'une joie sincère, en
lui promettant protection et sûreté pour tous ses
compagnons ; il livra même un de ses fils pour

ôtage, et l'opération des échanges s'exécuta avec
un ordre admirable. Le lendemain, à un repas
que donna le prince aux officiers du bâtiment,
un Circassien entonna une chanson que lui avait
inspirée son admiration pour le navire, qu'il appelait une maison ailée volant sur les eaux.
Chose remarquable ; dans ce repas, il fut question de Mithridate, dont les traditions perpé-
tuent le souvenir. Un vieillard, interrogé par
M. de Scassi, dit : « Il y a un *fleuve* d'années,
qu'un grand prince, notre voisin, fut attaqué
dans ses états par des peuples braves et venus de
contrées lointaines. Il résista long-tems, et peut-
être il aurait triomphé, s'il n'eût été trahi par
un de ses fils. Il vint demander l'hospitalité à
nos pères, qui l'accordèrent comme ils le devaient. »

Après cette seconde expédition, M. de Scassi,
sous les auspices du prince Indaroglou, qui ne
témoigna aucune jalousie, eut le courage de
pénétrer jusqu'à la résidence d'autres chefs pour
en faire de nouveaux amis à la Russie. L'épreuve
dépassa toutes ses espérances : l'accueil de tous
ces petits princes fut le même que celui du premier ; ils se prêtèrent avec joie aux échanges

proposés, et on leur désigna les deux marchés dont nous avons parlé plus haut.

Leurs maisons sont construites avec des lattes tressées et enduites de terre glaise ; leurs meubles sont fort simples ; mais l'intérieur des habitations offre la plus grande propreté : tout leur luxe consiste dans leurs vêtemens. Ils ont peu de villages, et, dans ces villages, les maisons ne se touchent point, parce que chacune d'elles est entourée de la portion de terrain que la famille peut cultiver. Cette coutume établit une grande distance d'une cabane à l'autre : les résidences des princes sont les seules qui présentent une agglomération de bâtimens ; les unes sont consacrées à recevoir les princes qui les visitent, les autres sont pour leurs officiers, leurs esclaves et un nombre considérable de chevaux.

La couronne est héréditaire chez ces diverses peuplades ; le fils succède au père ; mais, en devenant chef, il prête serment d'observer les usages, coutumes et lois traditionnelles du pays. C'est le prince qui juge en dernier ressort toutes les affaires, assisté de quelques vieillards ; l'un d'eux rapporte le procès, qui est définitivement jugé par le prince : il est presque inouï que l'ar-

rêt soit injùste, tant ces hommes possèdent la
droiture et le sens exquis de la probité qui pré-
munit contre l'erreur.

Les femmes sont d'une beauté remarquable,
et bien supérieure aux attraits si vantés des
Géorgiennes ; leur peau est d'une blancheur
éclatante, leurs cheveux d'une abondance presque inconnue dans nos contrées. Le bas de
leur taille est mince comme celle des hommes,
et par les mêmes causes ; on dit qu'elles ont une
énergie de caractère et une promptitude de ressentiment qui les rend fort redoutables lorsqu'on
les outrage. Mais cette fermeté d'ame et la
beauté incomparable de leurs formes ne les sauve
point de l'esclavage, chose assez peu honorable
pour les habitans de la Circassie. On assure que
cette discourtoisie n'exista pas toujours ; leurs
traditions apprennent que la femme d'un de leurs
chefs ayant trahi les intérêts de la nation, il fut
décidé qu'à l'avenir les femmes seraient esclaves. Celles des princes, quoique jouissant de
prérogatives attachées à leur rang dans certaines
cérémonies publiques, font acte de servitude,
et ne sont pas en meilleure position dans leur
intérieur que les femmes des particuliers.

Quand un jeune homme est en âge de se marier, il charge un de ses amis de lui chercher une femme. Les exercices à cheval, à l'arc, à la lutte, enfin, des fêtes et des combats simulés accompagnent la célébration du mariage. Une femme ne prend son rang dans la famille que du jour où elle donne un enfant à son mari : jusque là, ce dernier ne lui parle point, et n'a aucune communication avec elle pendant le jour ; la nuit, il entre chez elle par la fenêtre, et la quitte aux premiers rayons de l'aurore.

La religion est indéterminée ; leur culte est un mélange confus de cérémonies chrétiennes et mahométanes, même d'idolâtrie. On a découvert dans l'intérieur du pays quelques vestiges de croix et de chapelles. Les Circassiens n'ont point de temple. Quand M. de Scassi leur apprit que les Russes avaient des églises, ils se mirent à rire ; un des anciens lui dit : « Vous n'aimez donc guère votre Dieu, puisque vous l'emprisonnez ? » Ce langage est fort naturel dans la bouche d'un barbare, mais j'ai entendu dire à des sauvages très-policés : « Pourquoi des églises, Dieu est partout. » Excellent prétexte pour n'adorer Dieu nulle part.

Chez ce peuple, le courage militaire est porté au plus haut degré de considération; la plus faible apparence de lâcheté déshonore à jamais; mais elle est presque sans exemple. On raconte des traits de bravoure et de force, qui réalisent les imaginations de l'Arioste. Ces hommes, comme nous l'avons dit, n'ont rien de féroce, et ils parlent avec beaucoup de mépris de quelques peuplades, très-reculées dans les montagnes, qui brûlent leurs prisonniers.

Il y a entre eux une différence sensible de dialecte, même parmi des peuplades que sépare une faible distance. Leurs chansons sont à la fois naïves et passionnées.

Leur principale force militaire est la cavalerie; mais ils ont pourtant des fantassins : ce sont les habitans placés sur la cime des montagnes, où les exercices de cheval offrent plus de difficultés. Les Turcs leur ont fourni quelques mauvais canons, mais quant aux fusils, pistolets, sabres et poignards, ils marchent de pair avec tous les ennemis qu'ils combattent.

Notre voyageur assure que les vallées circassiennes sont fort au-dessus de celles de la Suisse pour la fertilité et la beauté. On y ren-

contre des forêts immenses d'arbres fruitiers,
des bois d'orangers et d'oliviers, rafraîchis par
des rivières et des ruisseaux de l'eau la plus
limpide. Ainsi, hommes, femmes, chevaux,
fruits, fleurs, forêts, ciel et climat, tout est
d'une beauté remarquable dans la Circassie. Le
chevalier génois y a fait plusieurs découvertes
intéressantes pour les sciences naturelles.

Il serait à désirer qu'il publiât la relation de
ses voyages dans une contrée dont on ne pouvait parler avant lui que d'une manière bien
obscure. Mais le plus grand avantage que retire
la Russie du noble courage et de la persévé-
rence de ce voyageur, c'est la sûreté de la
navigation dans des parages si difficiles autrefois pour les marins, surtout pendant la saison
où les vents empêchent les navires d'atteindre
les ports de la Crimée. Avant l'ouverture de ces
relations, les marins, violemment poussés vers
les côtes de Circassie, s'ils échappaient aux dangers de la mer, étaient réduits à l'esclavage et
condamnés à la garde des troupeaux. Les pré-
cautions contre la fuite des prisonniers sont
barbares : on assure qu'au moyen d'une incision
faite à la plante des pieds, on y introduit des

crins de cheval, ce qui rend ces malheureux esclaves inhabiles à la course et par conséquent à la fuite ; mais cette notion n'est point au nombre de celles que m'a transmises l'ami du duc de Richelieu.

Au mois d'octobre 1820, la goëlette la *Circassienne* fut jetée, par un coup de vent, sur la côte voisine de Pschad ; au premier avis du danger que courait le navire, le prince Inda-roglou accourut avec ses fils et un grand nombre de ses sujets. A leurs risques et périls, ils réussirent à sauver tout l'équipage, mais ils ne s'en tinrent pas là ; les pauvres Russes furent habillés, on les défraya pendant un mois, et quand ils furent en état de rejoindre par terre leur frontière, le prince et les siens les escortèrent à travers les montagnes du Schapoveks, peuplade qui est leur ennemie et celle des Russes. Ils les conduisirent jusqu'à la frontière du Boughase, et en les consignant au premier poste, ils dirent à l'officier : « Voilà des hommes qui étaient à bord d'un bâtiment naufragé, faites savoir à notre ami Scassi, que nous les avons secourus dans tout ce qui dépendait de nous. »

L'empereur Alexandre, en apprenant ce trait de bon voisinage, fit remettre, par l'entremise de M. de Scassi, au prince hospitalier, un magnifique poignard enrichi de diamans.

L'année dernière (1823) cent treize bâtimens russes firent des échanges très-avantageux. Mais ces peuples, si fidèles aux conditions du traité, et dont l'humanité et la bonne foi ne se sont pas démentis pour les Russes, conservent toute leur rigueur avec les habitans des autres nations. Un navire autrichien, sur lequel se trouvait des Italiens et des Français, ayant échoué près de Pschad, tout l'équipage fut mis, suivant l'usage, en captivité. Les gouvernemens des trois nations s'adressèrent à la Russie pour obtenir la liberté de ces malheureux navigateurs; M. de Scassi fut encore chargé de la négociation, et il eut le bonheur de réussir; à la vue du terkeret tous les prisonniers furent rendus.

Dans les intervalles de ses courses, M. de Scassi s'occupait à faire dresser des plans pour le rétablissement du port de Kertch, et la reconstruction d'une ville servant de point central à toutes les relations qu'il venait de former. L'empereur Alexandre, pénétré de l'importance

que doit avoir pour le commerce de la mer
Noire l'ouverture du port de Kertch, a approuv
les plans, et a daigné confier à M. de Scassi
l'organisation et l'administration de ces nouveaux établissemens.

La ville de Kertch, assise aux pieds d'une
chaîne de collines, dont la plus haute conserve
encore le nom de Siége de Mithridate, est
située près des ruines de l'ancienne Panticapée,
sur le détroit de Taman, jadis appelé le Bos-
phore cimmérien. Le port est spacieux et commode, rien n'égale la fertilité de ses environs.
C'est à Kertch que réside M. le chevalier de
Scassi (1); il jouit de l'honorable gloire d'avoir
ressuscité les anciennes relations de la colonie
génoise avec les peuples du Caucase qui habitent les côtes de la mer Noire. Il joindra à cette
gloire celle d'être le fondateur d'un port et
d'une ville où tous les élémens d'une grande
prospérité se développent d'une manière très-
rapide. Dans cette notice sur la Circassie, j'ai
omis à dessein quelques particularités des
mœurs et contumes des habitans du Caucase,

(1) M. de Scassi est conseiller-d'état actuel et chevalier de plusieurs ordres.

parce que le lecteur devait les retrouver dans
la nouvelle qui termine cet ouvrage. Le dénouement extraordinaire de cette aventure très-
véritable prouve combien les passions sont vives
et profondes chez les belles Circassiennes, dont
l'héroïque courage égale celui de leurs guerriers.

YOUNITZA ET ALAMIR.

ARMI les contrées situées dans les montagnes du Caucase, on distingue, par la fertilité de son terroir, l'immensité de ses bois et l'extrême beauté de ses habitans, celle qui se divise en grande et petite Cabarda, à l'ouest d'Astrakan. La grande se compose de quatre peuplades qui prirent chacune le nom des familles de leurs princes. Ce sont les Atajouks, les Misostes, les Bekmirzas et les Kantoukines ; ils habitent les pays voisins de la mer Caspienne.

La nature fit beaucoup pour les Circassiens de ces montagnes. Protégés par elle autant que par leur bravoure et une force de corps prodigieuse contre l'invasion des étrangers, ils vivraient heureux si la fureur de guerroyer entre eux ne troublait trop souvent la paix de leurs belles contrées.

III. 14

En 1804, les Atajouks s'étaient concertés avec leurs voisins pour déclarer la guerre aux Kistets, occupant les sommités des montagnes du côté de l'Orient, non loin des rives de la Sundja.

Atajouk, chef de la peuplade à laquelle ses ancêtres donnèrent leur nom, venait de partir avec 3000 cavaliers. Les vieillards, les femmes, les enfans et quelques guerriers gardiens étaient restés sur les habitations disséminées dans la grande vallée. Celle du chef se faisait remarquer par un plus grand nombre de bâtimens et par la grande quantité de jeunes chevaux épars dans la prairie voisine.

Atajouk, veuf depuis peu de tems, n'avait qu'une fille. A dix-sept ans, Younitza était la plus belle parmi les belles Circassiennes ; son éblouissante blancheur, les grâces du corps et la perfection de ses formes relevaient l'éclat et la régularité de son beau visage.

Quatre jours se passèrent avant qu'aucun message portât des nouvelles de l'expédition contre les montagnards ; le lendemain, au moment où le soleil dorait de ses premiers rayons l'écume bouillonnante du torrent, Younitza, in-

quiète, se rendit avec ses femmes dans un bois
qui couronnait l'habitation de son père. Tout à
coup, en portant ses regards sur les bords d'une
rivière qui serpentait dans la prairie, elle aper-
çoit un guerrier porté sur des branchages entrelacés ; quatre hommes à cheval l'accompa-
gnaient, et le cortége gravissait silencieusement
le sentier conduisant à la maison du prince.
Younitza descend la colline en poussant un cri
d'effroi : ce guerrier blessé, c'est peut-être son
père!... Elle arrive au moment où on le dépo-
sait dans un bâtiment voisin de la maison du
chef, et reconnaît Alamir, l'un des jeunes officiers attachés à la personne du prince. « Ré-
jouis-toi, Younitza, dit le blessé d'une voix affaiblie par la perte de son sang ; nous sommes
vainqueurs, Atajouk est plein de vie, et ce soir
il sera dans les bras de sa fille. — Je ne me
réjouirai, dit la jeune princesse, qu'au moment où la blessure d'Alamir ne donnera plus
d'alarmes ; je vais t'envoyer des secours. »

Bientôt une vieille femme, renommée pour
sa science des plantes, fit une application sur la
blessure d'Alamir, et par un breuvage habilement
composé elle lui procura un profond sommeil. Le

soir, une heure avant les ombres de la nuit, des
sons guerriers annoncèrent le retour du chef.
Son premier soin fut de se rendre vers l'officier;
sa fille le suivait; la matrone avait déclaré que la
blessure n'était point mortelle : « Que le Pro-
phète en soit loué! s'écria le prince. Ma fille,
bénissons Alamir : c'est lui qui se précipita au
devant de moi, c'est lui qui reçut le coup que ton
père devait recevoir. Brave jeune homme , je te
donne trois chevaux , une armure complète , et
ma main s'ouvrira toujours pour presser la
tienne. »

Alamir s'était distingué dans plusieurs combats; mais peut-être n'eût-il pas montré cette
courageuse audace contre l'ennemi qui attaquait
le prince, s'il n'eût éprouvé beaucoup d'amour
pour la fille de son chef. Cette passion mysté-
rieuse, jamais ses regards n'osèrent la révéler à
celle qui en était l'objet; à peine se l'avouait-il à
lui-même. La fille du prince pouvait-elle donner
sa main à un simple guerrier? La coutume , les
mœurs du pays s'opposaient à cette alliance ; et
chez les nations barbares, on respecte les coutumes beaucoup plus qu'on n'obéit aux lois chez les
peuples policés. Ainsi, pas un rayon d'espoir ne

pénétrait dans l'ame attristée d'Alamir. Quoiqu'il fût un des plus beaux hommes de la peuplade, jusqu'à ce jour Younitza l'avait regardé
d'un œil indifférent ; mais cette jeune princesse
aimait tendrement son père ; mais elle vit la poitrine d'Alamir percée du fer destiné à l'auteur
de ses jours ; mais la pâleur du guerrier blessé
poursuivait Younitza dans ses songes, et l'amour
s'est glissé au fond de son cœur lorsqu'elle ne
croyait éprouver que de la reconnaissance. Le
jour où la vérité l'éclaire, elle soupire, elle
pleure, elle frémit. « Younitza, se dit-elle, une
barrière impénétrable te sépare de celui que tu
aimes ; tu n'as pas même la consolation d'un
doute, d'une incertitude ; l'usage est là, domi-
nant chefs et soldats, riches et pauvres, vieillards
et jeunes gens. Non, non ! Younitza peut mourir,
mais elle ne peut s'unir au guerrier qui sauva
son père ! »

Il fut un tems, en France, où les sauvages
étaient fort à la mode ; ils devaient cet honneur
aux philosophes du siècle dernier ; frappés de
nos imperfections, ces écrivains leur supposaient l'idéale perfection des hommes de la nature, car alors, le mot *nature* commençait et

terminait toutes les phrases ; on rougissait presque de ses vêtemens, de sa frisure, de son nœud d'épée ; il prenait fantaisie d'aller tout nu, et on maudissait la température qui privait la bonne compagnie de s'élever à ce dernier degré du naturel et de la simplicité. C'est à cette époque que chez un grand seigneur, on essaya le brouet lacédémonien, qui fit faire des grimaces à tous les convives ; on fit bientôt d'autres essais, et d'épreuve en épreuve on essaya de l'échafaud, de l'exil, et de la déportation, bien autrement amers que le brouet de Sparte. Mais revenons à l'époque où nos philantropes n'étaient encore que ridicules. Grands professeurs d'égalité, ils citaient à tout propos la sagesse des barbares et des sauvages, leur dédain, leur innocence de toute suprématie, de toute distinction. En cela, comme en beaucoup d'autres choses, ils joignaient l'ignorance à l'absurdité ; les voyageurs nous apprennent à ne point aller chercher des exemples de démocratie chez les enfans de la nature ; on pourrait au besoin y explorer des mœurs très-aristocratiques, un absolutisme sans restriction, et de grandes inégalités. Les Circassiens vont nous en fournir un exemple.

Atajouk passait la revue de ses guerriers dans une plaine voisine ; Younitza s'achemine, sans être aperçue, vers un bois de rododendroms, traversé par un ruisseau : Alamir s'y est rendu pour respirer la fraîcheur et penser à celle qu'il aime ; à son aspect il veut fuir, mais ses forces le trahissent, il pâlit, il chancelle, tombe aux pieds de la jeune fille. Younitza, pénétrée d'attendrissement, laisse échapper ces mots : « Pourquoi me fuir puisque je t'aime, oui, Alamir, je t'aime ; deux fois les arbres se sont dépouillés de leurs feuilles depuis le moment où je t'ai vu, et cependant ta présence ne me faisait point rêver ; mais tu as sauvé mon père, et les ondes du grand lac sont moins agitées que mon sein quand je pense à toi ; reste, Alamir, pourquoi fuirais-tu ? — Puis-je le croire ? répond le jeune guerrier, cette nuit, je dormais, tu t'es présentée à moi, fille de mon chef, telle que je te vois dans ce moment, tu prononçais les mêmes paroles ; dis-moi, est-ce encore un songe, tu m'aimes, tu me pardonnes ! — Oui, je te pardonne et je t'aime ; mais, hélas ! jamais nos mains ne s'entrelaceront dans le bois sacré, tu sais à qui je suis promise ! — Ah !

ne prononce pas ce nom abhorré, mon sang se
soulève, ma blessure va se rouvrir. — Oui,
plutôt la mort que cette union détestée. Je parlerai à mon père, je lui ferai toucher le cœur
de sa fille, il saura pour qui ce cœur palpite ; je
lui dirai, Atajouck, il faut que ma fenêtre s'ouvre pour ton sauveur ou que la tombe s'ouvre
pour ton unique enfant. » Après ces mots, la
jeune fille effleure de ses lèvres la poitrine d'A-
lamir et disparaît sous le feuillage, plus vite que
la gazelle, plus légère que la biche fuyant le trait
du chasseur.

Les jours se passent et Younitza, chaque jour
plus malheureuse, n'ose parler de son amour.
Atajouk voit sa fille se flétrir comme la fleur du
désert : « O mon enfant ! s'écrie-t-il, Dieu t'a
frappée ; dis-moi qui fait couler tes larmes? Je
donnerais tous mes troupeaux et mes armes les
plus belles, pour ramener le sourire sur ta bouche, pour voir tes joues se colorer, pour entendre encore les accens de ta joie sur la montagne
et dans nos vallées. — Hélas! mon père, répond
Younitza, que me font les richesses? c'est la
pauvreté que je désire, car il est pauvre celui
qui sauva vos jours. — Quoi! Alamir? — C'est

le bien-aimé de mon cœur, c'est pour lui que
je vais mourir. »

A cet aveu si inattendu, le chef cache son
visage dans ses mains ; sa fille le croit irrité, il
n'est qu'attendri. Depuis le jour où Alamir le
sauva, il l'aime comme un fils, il n'a pas le courage de blâmer les sentimens de sa fille ; comme
elle il devient triste et pensif, comme elle il
cherche la solitude : et lorsqu'il rencontre Alamir.
« Jeune guerrier, lui dit-il, que ne me laissais-tu
succomber sous le fer ennemi ; tu sauvas mes
jours, et ceux de ma fille sont menacés, et c'est
toi qui la conduis chez les morts ! — Noble chef,
réplique Alamir saisi d'effroi, je vais monter
sur mon coursier, je m'enfoncerai dans la grande
forêt, et tu ne me verras plus. — Ma fille te
suivrait. — Eh bien ! ordonne, et je me précipite
dans les eaux du torrent en bénissant le père
d'Younitza. — Ma fille s'y précipiterait après toi.
Younitza est douce comme la colombe, mais son
cœur est plus ardent, plus fier que le regard de
l'aigle. Non, plus d'espoir ! Jamais je n'entendrai
les chants d'hymen pour mon enfant ! — Atajouk,
ordonne, et je t'obéirai aussi rapidement que la
foudre obéit à l'éclair. — Que puis-je vouloir ?

*

Younitza est percée d'une flèche, nul bras ne peut l'arracher de son sein ; et cependant sa main est promise au fils de notre allié, le chef de Bek-Mirzas. Ce chef est puissant, le nombre de ses cavaliers surpasse les nôtres, comme les flots du grand torrent surpassent ceux d'un ruisseau. Bientôt le jour viendra où je serai forcé d'accomplir ma promesse si je ne veux voir s'élever sur la colline une forêt de dards. Alamir, ton chef est bien malheureux ! pourquoi l'as tu sauvé de la mort ? — Ah ! si la mienne... — Non, car la vie de ma fille, c'est toi. Alamir, que ne puis-je te nommer mon fils ! »

Les deux guerriers se séparèrent, emportant dans leurs ames le sentiment d'une profonde douleur qu'aucun rayon d'espoir ne pouvait adoucir. Atajouk, par son influence, par le respect qu'il inspirait, aurait pu peut-être imposer silence aux préjugés de la nation, et donner sa fille au guerrier qui le sauva ; les anciens se rappelaient un exemple pareil ; mais comment braver la colère d'un prince allié et capable de la plus terrible vengeance ? Comment sacrifier les intérêts de la patrie à un intérêt de famille ?

Quand les Circassiens ne font pas la guerre

entre eux ou avec les Russes, ils la déclarent
aux habitans des forêts; l'agitation est un besoin
pour ce peuple belliqueux. Atajouk était parti
avec trente hommes pour chasser le sanglier;
Alamir, entièrement rétabli, suivait son chef.
Malheureusement la poursuite du gibier entraîna
les chasseurs fort au delà des limites de leurs
courses ordinaires; ils rencontrèrent un détachement de Cosaques bien supérieur en nombre à
celui de leur troupe. La position du terrain rendait la fuite difficile; le combat s'engage, et à
la première décharge Atajouk tombe percé de
plusieurs balles. Une affreuse mêlée succède au
feu; Alamir fait des prodiges de valeur pour
enlever le corps d'Atajouk, il n'y parvint
qu'après avoir étendu trois Cosaques à ses pieds.
Les Circassiens, comme les héros de *l'Iliade*,
ne laissent jamais la dépouille de leurs compagnons à la merci du vainqueur; Alamir, profi-
tant du désordre que son courage a jeté chez
l'ennemi, charge son coursier d'un double fardeau et s'éloigne avec sa petite troupe. Bientôt
les Cosaques se lassèrent de poursuivre les guerriers du Caucase dans des routes dangereuses

qui leur étaient inconnues ; d'ailleurs rien n'égale
la vitesse des chevaux circassiens.

Avant d'arriver aux habitations, Alamir se
fait précéder d'un cavalier qui doit annoncer à
la princesse le coup affreux dont la mort vient
de la frapper. On s'arrête auprès d'une source :
ses eaux enlèvent le sang et la poussière qui
couvre le corps du prince. Bientôt toute la peuplade fait entendre ses cris, elle se presse vers
le sentier qui conduit à la fontaine : femmes,
enfans, vieillards, guerriers, font retentir les
airs de leurs gémissemens. Au milieu de ce
peuple désolé, s'élevait comme un jeune chêne
frappé de la foudre, Younitza, dans tout le
désordre de la douleur. Les femmes qui l'entourent retiennent avec peine ses mains dont
elle voudrait meurtrir ses charmes. Elle se
précipite en sanglotant sur le corps du père
tant aimé, et s'écrie : « Alamir ! Alamir, où
était ton courage ? Tu n'as pas protégé une
seconde fois la poitrine de ton chef. — Younitza,
répond le jeune héros, le feu est plus prompt
que le fer. Que ne suis-je percé de la balle qui
termina les jours de ton père ; mais j'ai vengé

mon chef, mais tu peux arroser sa tombe de tes
pleurs.

On regagne lentement les habitations ; chacun se dispute l'honneur de porter à son tour la
dépouille mortelle du brave Atajouk. Le lendemain des funérailles , on convoque une assemblée qui doit décider du sort des deux amans.
Les anciens de la peuplade se réunissent et bientôt on apprend le résultat de leur délibéra-
tion. Conformément aux engagemens pris par le
prince , sa fille Younitza va devenir l'épouse du
fils de Bek-Mirzas , et ce fils sera proclamé le
successeur d'Atajouk. Vainement sa fille déclare
avec fermeté qu'elle ne peut consentir à faire
succéder si promptement le chant d'hymen au
chant de mort; le conseil oppose à sa résistance
le besoin d'un chef, la crainte d'une guerre
soudaine avec les montagnards ou d'une attaque
des Russes. Younitza paraît se résigner et déjà
le farouche Ormiassin tressaille de joie, déjà il
croit posséder la plus belle des filles de la vallée
avec les riches domaines et le pouvoir d'Atajouk.

Le jour est fixé ; c'est demain que l'ancienne
alliance des deux peuplades sera cimentée par
une union qui doit combler tous les vœux, qui

satisfait à tous les intérêts. Déjà les jeunes filles
parent de guirlandes la demeure d'Younitza ;
déjà les jeunes guerriers, précédés d'instrumens
auxquels se mêlent des chants d'amour, par-
courent les nombreux sentiers qui séparent les
habitations ; Alamir marche à leur tête, et les
démonstrations de sa joie surpassent toutes
les autres. Mais les ombres de la nuit interrom-
pent les bruyans apprêts d'une solennité qui
commencera avec les premiers rayons du jour ;
le soleil, à son lever, éclairera les peuplades réunies dans la forêt sacrée, et attendant avec un
religieux silence les jeunes époux suivis de leurs
proches et de leurs esclaves.

D'après l'antique usage, toujours respecté
chez ces nations, la nuit qui précède le mariage
doit se passer au sein du recueillement et de la
prière ; le sommeil serait une impiété. Younitza
s'est revêtue de l'habit virginal, sa tête porte
la couronne de l'innocence : dans la chambre
voisine de celle où elle doit prier solitairement,
sont les jeunes filles ses compagnes parées de
leurs plus beaux vêtemens ; à chaque heure,
Younitza doit faire entendre sa voix et dire un
couplet du chant d'hymen, ses compagnes lui

répondent , puis tout rentre dans le silence jusqu'à l'heure suivante. Pendant que le chœur
répond au second verset , Younitza ouvre doucement une porte et appelle à voix basse une
jeune enfant attachée à son service ; cette fille
adore sa maîtresse : « Ecoute , lui dit la fiancée ;
ma tête est brûlante , j'ai besoin de respirer le
souffle de l'air ; si je reste ici , demain je ne
pourrai suivre la route du bois sacré; prends ma
place , chère enfant , et quand mes compagnes
chanteront le troisième verset , réponds-leur en
fortifiant ta voix et en imitant la mienne ; ne
perds point de vue le sablier , tu me re-
verras avant les premières lueurs de l'aurore. » La jeune fille , fière de la confiance
de sa maîtresse , prend sa place ; Younitza s'enveloppe d'un long voile , cache un poignard sous
les plis de sa robe et descend par la fenêtre ,
dirigeant sa course vers le sentier du bois
sacré. Dans sa marche rapide elle craint
d'effleurer le feuillage dont le plus léger balancement peut la trahir ; la nuit est sombre ,
le silence n'est troublé que par les sons expirans
du chant nuptial. Déjà elle a franchi le bosquet ,
déjà elle est hors de la vue des habitations , elle

s'élance et pénètre dans la grande forêt; un large
chemin la conduit vers l'enceinte destinée aux cérémonies religieuses ; hors ces jours solennels il
est défendu sous peine de mort d'approcher du bois
sacré. C'est là qu'elle devait s'unir à un prince
abhorré..... Elle entre dans ce temple immense
dont la voûte est formée par des branches de
chêne entrelacées depuis des siècles, et qui rendent cet asile impénétrable aux rayons du soleil :
elle s'aide de ses bras pour continuer sa marche,
enfin sa main saisit une main , c'est celle d'Alamir : « Younitza, ma femme , ma bien-aimée ,
hâtons-nous de fuir. » Alamir la soulève, la
place sur son coursier qui frémit d'impatience ,
s'élance , et bientôt gravit les plus hautes collines qui dominent les habitations.

Le cheval semble deviner les dangers de
son noble maître, quoique chargé d'un double
fardeau, jamais sa course ne fut plus pressée :
Younitza entoure de ses bras le corps de son
amant dont le cœur bat avec violence sous une
main si chère.

Depuis que les deux amans préméditèrent
cette fuite, Alamir, sous le prétexte de la
chasse, reconnut le chemin qui conduisait le

plus directement au premier poste russe ; il n'é-
prouve pas une hésitation, l'amour semble courir
devant lui avec son flambeau. Du côté de l'o-
rient, une zone blanchâtre annonce le prochain
retour de l'aurore. Alamir ralentit un peu la
marche de son coursier ; il veut aussi ménager
les forces de sa courageuse compagne ; enfin il
s'arrête en disant : « Younitza, nous sommes
sauvés, repose-toi ; parle-moi, ma bien-aimée.
Tu le sais, les jeunes filles n'entrent dans la
chambre de la fiancée qu'au moment où les
teintes rosées annoncent le jour ; déjà nous
sommes bien loin ; déjà nous avons deux sabliers
d'avance sur les guerriers qui vont nous poursuivre. Younitza presse-moi sur ton cœur ; du
sommet des montagnes que nous descendons j'ai
vu les eaux du Kouban, et Zénir, mon beau
coursier, après cette halte, nous fera voler aux
rivages russes. » Younitza sourit, sa main
presse celle d'Alamir, quand tout-à-coup celui-
ci se précipite de sa monture, et, le corps pen-
ché, la tête en avant, il écoute, porte ses regards sur la route qu'il vient de parcourir, et
un bruit sinistre frappe son oreille. « Alamir,
dit sa compagne, c'est le bruit du haut torrent,

dans le silence des nuits on l'entend de bien loin.
— Je l'entends aussi, mais il s'y mêle d'autres
sons. » Alors il se couche sur l'herbe, et, après
une minute, il se relève saisi d'effroi. « Je ne
me suis point trompé; j'entends le sol frémir
sous les pieds des chevaux; nous sommes pour-
suivis, ton esclave t'a trahie. — Non, non, la
pauvre enfant aura succombé au sommeil; fuyons.
— Allons, Zénir, courage, dit Alamir, et s'il
le faut, meurs après avoir sauvé Younitza. »

Aussitôt il se précipite dans le sentier d'une
longue vallée, en se dirigeant vers le fleuve;
mais la nuit cède progressivement son empire aux teintes riantes du matin, et bientôt
Younitza distingue les guerriers qui les poursuivent. « Alamir, dit-elle d'une voix expirante,
les voilà, nous sommes perdus. » Son amant regarde, et déjà il a mesuré la grandeur du péril;
quelle que rapide que soit sa course, on va l'atteindre; encore un instant, et tous deux tombent dans
les mains de leurs plus cruels ennemis. Il tente un
dernier effort, il s'élance vers une montagne
escarpée et arrive sur le plateau; il voit le fleuve
roulant majestueusement ses ondes à une profondeur de quatre-vingts pieds au-dessous du

mont qui couronne son lit. Alamir regarde cet
abîme dans un violent transport de douleur , et
reportant ses yeux sur sa bien-aimée , il est
saisi d'une inspiration soudaine digne de son
amour et de son courage « Younitza, s'écrie-
t-il , tu vois ce roc élevé qui nous sépare du
fleuve, tout notre espoir est sur l'autre rive,
te sens-tu la force de te précipiter dans ce
gouffre avec ton amant? Vois! Ormiassin s'approche. — La mort! la mort! s'écrie la jeune
fille, je la préfère à ce farouche guerrier ; n'hésite plus, quand ce fleuve roulerait des flammes ;
je m'y précipiterais avec toi! »

A ces paroles d'amour le guerrier ne balance
plus ; il couvre les yeux du fidèle coursier :
Presse moi, dit-il à sa bien-aimée ; que nos
corps ne fassent qu'un corps, comme nos ames
ne font qu'une ame. » Il entoure la taille d'Younitza avec sa longue ceinture, dont les bouts
viennent se nouer fortement sur la poitrine du
héros. Alors, faisant tourner bride à son cheval,
il s'avance ; les Circassiens qui gravissent la montagne s'étonnent, et pensent que, découragé,
Alamir va se rendre ; mais il n'use de cette
évolution que pour donner un grand élan au cour-

sier ; faisant volte-face, il court sur le plateau,
en disant d'une voix forte : « Younitza! ferme les
yeux, » et soudain il se précipite dans le fleuve!
Tout disparaît sous les eaux... Qui le croirait? le
coursier circassien triomphe de cette épreuve redoutable; tout son corps frémit d'épouvante,
mais sa force prodigieuse se ranime ; après avoir
plongé, on le voit reparaître ; il nage, il lutte
contre le courant. Oh! prodige! la violence de
la chute n'a point séparé les amans! Mais les
Circassiens, d'abord confondus de cette audace,
font ensuite pleuvoir sur les eaux une grêle de
balles; c'est en vain! Dieu semble couvrir de son
égide ce groupe luttant contre la mort avec une
sublime intrépidité. Enfin, un dernier effort de
Zénir lui fait toucher la rive ; Alamir et Younitza se précipitent à genoux! Hélas! un nouveau danger plane encore sur leurs têtes. Les
Cosaques ont entendu le feu des Circassiens ;
l'alerte est donnée sur toute la ligne; un détachement s'avance au galop, et, lorsque de
loin ils voient un cavalier sur la rive gauche, on
entend le cri : « Les voilà! ils passent le fleuve. »
Mais Younitza, arrachant le voile blanc qui couvre son front virginal, le suspend à une branche

et agite dans les airs cet emblême de paix. L'officier du détachement s'avance ; à l'aspect de la
ravissante beauté qui l'implore , il ordonne une
halte, descend de cheval , et s'approche des fu-
gitifs qui , par leurs gestes , réclament sa générosité. On fait venir un interprète ; il explique le récit des amans ; et les Russes, dont
les regards se dirigent vers la roche menaçante,
restent frappés d'admiration. Au milieu des cris
de surprise , les cosaques entourent le beau
coursier ; Zénir est couvert de caresses, chaque
soldat le complimente sur sa force , sur son courage , et lui parle comme à un camarade. Le noble animal , en regardant ses maîtres, semble
fier de son dévouement.

Alamir et la princesse, après s'être reposés
vingt-quatre heures chez l'officier, furent conduits au domicile du commandant de la division,
qui adressa aussitôt un rapport à l'empereur
Alexandre , sur l'arrivée miraculeuse des deux
étrangers. Alamir fit demander du service dans
un régiment de la cavalerie russe.

L'empereur répondit favorablement au vœu
du brave Circassien ; on le nomma lieutenant
dans les dragons de l'armée. Alexandre or-

donna que les deux transfuges fussent traités
avec les plus grands égards ; qu'on respectât
leurs mœurs, leurs usages. Ayant appris que
Younitza était remarquablement belle, il défendit sévèrement que, sous aucun prétexte, on
cherchât à s'introduire chez elle, et à troubler
la solitude dont elle s'entourait, suivant les
usages de l'Orient. Bientôt, les amans embras-
sèrent la religion chrétienne ; l'ardeur des néo-
phites leur fit surmonter toutes les difficultés que
leur opposait l'étude de la langue russe. On dit
que rien ne fut plus touchant que leur admission
dans le sein de l'Eglise grecque. Ils reçurent le
même jour le baptême, la confirmation, le sa-
crement d'eucharistie et la bénédiction nup-
tiale. A l'aspect de ces êtres si beaux, si jeunes
et si fervens, les Russes purent croire que deux
anges, revêtus d'une forme humaine, leur était
envoyés d'un monde meilleur pour leur offrir un
touchant modèle d'innocence, d'amour et de
piété !

FIN DU TROISIÈME ET DERNIER VOLUME.

TABLE.

L'Hermite du Faubourg Saint-Germain, ou Observations sur les mœurs et usages des Parisiens au
commencement du XIXe siècle; faisant suite à la
Collection des Mœurs françaises de M. de Jouy;
par M. Colnet, auteur de *l'Art de Dîner en Ville*.
Deux volumes in-12, ornés de gravures, vignettes
et culs-de-lampe dessinés et gravés par d'habiles
artistes. Prix . . . . 7—50
Le même ouvrage, deux volumes in-8° . 12—0

Nouveaux Tableaux de Paris, ou Observations sur les
mœurs et usages des Parisiens au commencement du
XIXe siècle; faisant suite à la Collection des Mœurs
françaises de M. de Jouy. Deux vol. in-12, ornés de
gravures et vignettes. Prix . . . . 7—50
Le même, 2 vol. in-8°. Prix . . . . 12—0

L'Ecrivain public, ou Observations sur les mœurs et
les usages du peuple au commencement du 19e siècle,
recueillies par feu le Ragois, et publiées par Mme Sophie P******, auteur du *Prêtre*, etc., etc., orné de
gravures. Quatre vol. in-12. Prix . . . . . . 12—0

MŒURS ANGLAISES.

L'Hermite de Londres, ou Observations sur les mœurs
et usages des Anglais au commencement du XIXe
siècle; faisant suite à la collection des mœurs françaises de M. de Jouy, membre de l'Académie française. Trois vol. in-12, ornés de gravures, plans et
vignettes. Prix . . . . 11—25
Le même, trois vol. in-8°. Prix . . . . . . 18—0

L'Hermite en Ecosse, ou Observations sur les mœurs et
usages des Ecossais au commencement du 19e siècle,
faisant suite à la collection des mœurs anglaises. 2 vol.
in-12, ornés de jolies grav. et vignettes. Prix. 7—50
Le même ouvrage, deux volumes in-8°. . . 12—0

L'Hermite en Irlande, ou Observations sur les mœurs et
usages des Irlandais au commencement du 19e siècle;
faisant suite à la collection des mœurs anglaises. 2 vol.
in-12, ornés de jolies grav. et vignettes. Prix. 7—50
Le même ouvrage, deux volumes in-8°. . . 12—0

Chronologie des rois de France, avec portraits et notices historiques, à l'usage de la jeunesse, et particulièrement destinée aux établissemens d'instruction publique. Par M. Ch. du Rozoir, professeur
par A. Boniface, professeur, et par plusieurs grammairiens. Seconde édition, avec des améliorations
considérables. Un volume in-8°. Prix. . . . . . 7—0

Nouveau Traité des difficultés de la langue française,
avec leurs solutions d'après de célèbres grammairiens
et le sentiment de l'académie. Par A.-L. Roy, membre de la société royale académique des siences, etc.
Cinquième édition, dédiée à Mgr le duc d'Orléans.
Un vol. in-12. Prix . . . . 1—50

Précis historico-physique d'hygiène navale, suivi d'un
Recueil analytique des meilleurs écrits publiés sur les
quatre maladies les plus redoutables aux navigateurs
européens en Amérique et aux Indes, le Scorbut, le
Tétanos, le Choléra-Morbus et la Fièvre jaune. Par
M. Da-Olmi, professeur de physique, membre de
plusieurs sociétés savantes. Un fort vol. in-8°. 7—0
Le même, papier vélin.   14—0